TEST 1

第一部分：是非題（第 1-5 題）

U0097628

 溫馨提示

- 這部分每題你將會聽到 1 個短句。
- 看到圖片時，可以想想圖片中的物品英文怎麼說，這樣能讓你更快速準確作答。
- 題目播出時，請仔細聽，再看圖片是不是和聽到的句子相同。若相同請選 Y（代表 Yes），若不同請選 N（代表 No）。

例題：

你會聽到：The water is boiling.

請看圖片。正確答案是 Y。你答對了嗎？

1.

🔊 音軌 04

錄音內容： This is a pair of sunglasses.

答案： N

字詞解釋： ***a pair of*** 一副；一對　sunglasses〔'sʌn,glæsɪz〕*n. pl.* 太陽眼鏡

說明： 這是一副太陽眼鏡。
　　　　圖片有的應該是「玻璃杯」glass〔glæs〕、「茶壺」teapot〔'ti,pɑt〕、「茶杯」teacup〔'ti,kʌp〕，和「拖盤」tray〔tre〕。

2.

🔊 音軌 05

錄音內容：	The girl has a question.
答案：	Y
字詞解釋：	question (ˈkwɛstʃən) *n.* 問題
說明：	女孩有個問題。
	圖片中有「問號」*question mark*，為關鍵圖示。

3.

🔊 音軌 06

錄音內容：	This is a forest.
答案：	N
字詞解釋：	forest (ˈfɔrɪst) *n.* 森林
說明：	這是一座森林。
	圖片裡的情境應該是「海灘」beach (bitʃ)、「陽傘」*sun umbrella*，和「海灘椅」*beach chair*。

4.

🔊 音軌 07

錄音內容： They are sleeping.

答案： Y

字詞解釋： sleep〔slip〕v. 睡覺

說明： 他們在睡覺。

圖片中還可以看到「枕頭」pillow〔ˈpɪlo〕和「棉被」quilt〔kwɪlt〕。

5.

🔊 音軌 08

錄音內容： This is fried chicken.

答案： N

字詞解釋： fried〔fraɪd〕adj. 油炸的

chicken〔ˈtʃɪkɪn〕n. 雞；雞肉

說明： 這是炸雞。

圖片顯示的應該是「西瓜」watermelon〔ˈwɔtɚˌmɛlən〕。

西瓜有「果肉」flesh〔flɛʃ〕。西瓜有「籽」seed〔sid〕。

第二部分：是非題（第6-11題）

溫馨提示

- 在這部分，你會先看到一張圖片，然後每題會聽到一個簡易的短句，包含日常生活及學校用語。
- 請判斷聽到的句子與圖片的內容是不是相同，然後選 Y（相同）或 N（不同）。
- 平常練習時，除了熟悉日常生活物品、行為的發音外，也要加強練習各種介系詞，in、on、under、next to 等字詞，說明相對的位置。

例題：

你會聽到：The taxi is orange.

圖中的計程車是黃色的。正確答案是 N。你答對了嗎？

6.

 音軌 10

錄音內容： The boy was playing ball in the street.

答案： Y

字詞解釋： play〔ple〕v. 玩；打（球） ball〔bɔl〕n. 球

說明： 男孩當時正在打球。

常打的球類運動有：

「打籃球」**play basketball**、「打棒球」**play baseball**

「打排球」**play volleyball**〔'vɑlɪ,bɔl〕、「踢足球」**play soccer**

「打羽毛球」**play badminton**〔'bædmɪntən〕

7.

 音軌 11

錄音內容：	The woman is wearing a white skirt.
答案：	N
字詞解釋：	wear〔wɛr〕v. 穿；戴　　white〔hwaɪt〕adj. 白色的
	skirt〔skɝt〕n. 裙子
說明：	女士正穿著白色裙子。
	女士穿的裙子是「紫色的」purple〔'pɝpḷ〕。
	女士的其他穿著還有：blouse〔blaʊs〕n. 短衫；女襯衫
	flats〔flæts〕n. pl. 平底鞋。
	當然還有許多女生會穿「高跟鞋」heels〔hilz〕(= high-heeled shoes)。

8.

 音軌 12

錄音內容：	The taxi is coming toward the boy.
答案：	Y
字詞解釋：	taxi〔'tæksɪ〕n. 計程車　　toward〔tord〕prep. 朝著
說明：	計程車正朝著男孩的方向開過來。
	路上常見的車有：car〔kɑr〕n. 汽車、truck〔trʌk〕n. 卡車；貨車、
	scooter〔'skutɚ〕n. 低座小摩托車；速克達機車、
	motorcycle〔'motɚˌsaɪkḷ〕n. 摩托車；機車。

9.

 音軌 13

錄音內容：	There are several people watching.
答案：	Y
字詞解釋：	**there** + **be** 有　　several〔'sɛvərəl〕adj. 幾個的
	people〔'pipḷ〕n. pl. 人　　watch〔wɑtʃ〕v. 看
說明：	有幾個人在觀看。
	不同的「人」有不同的說法：
	passenger〔'pæsṇdʒɚ〕n. 乘客
	tourist〔'turɪst〕n. 觀光客
	bystander〔'baɪˌstændɚ〕n. 旁觀者；在場的人
	passerby〔'pæsɚˌbaɪ〕n. 路人

10.

音軌 14	
錄音內容：	The man is trying to save the boy.
答案：	N
字詞解釋：	try〔traɪ〕v. 嘗試　　save〔sev〕v. 拯救
說明：	男士嘗試要拯救男孩。
	類似的動詞有：
	rescue〔ˋrɛskjʊ〕v. 拯救；解救　　protect〔prəˋtɛkt〕v. 保護

11.

音軌 15	
錄音內容：	The bus is full of passengers.
答案：	N
字詞解釋：	bus〔bʌs〕n. 公車　　**be full of** 充滿了…
	passenger〔ˋpæsṇdʒɚ〕n. 乘客
說明：	公車充滿了乘客。
	依照圖片，是不是「公車」bus 而是「計程車」taxi。
	另外，計程車裡面也只有「司機」driver〔ˋdraɪvɚ〕。
	常常說開車不喝酒，不可以「酒駕」**drink and drive**，
	名詞片語是 **drunk driving**。
	另一個說法是：**drive under the influence**，簡稱 DUI。
	influence〔ˋɪnflʊəns〕n. 影響，這個片語源自 **drive under the influence of alcohol**「在酒精的影響下開車」，alcohol〔ˋælkə,hɔl〕n. 酒；酒精。

第三部分：配合題（第 12-18 題）

 溫馨提示

● 在這部分，每題你將會聽到 1 段敘述。請仔細聽每題描述的圖片。
● 測驗重點是聽懂 7 段簡短敘述中，有關人物、動作和地點的關鍵字。
● 你可以先很快地看一遍每張圖片，預測可能會聽到的單字，包括人、事、物、動作、地點等。當聽到每題的關鍵字時，就可以快速找到正確的圖片。

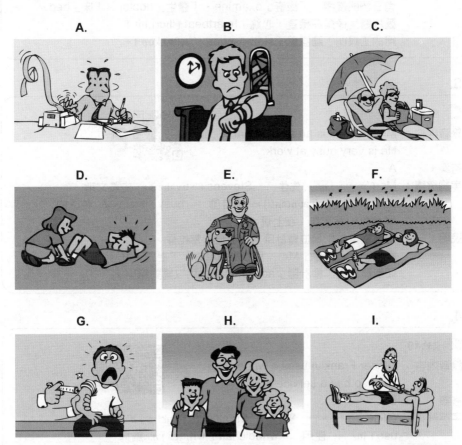

A.　　　　B.　　　　C.

D.　　　　E.　　　　F.

G.　　　　H.　　　　I.

例題：Mr. Smith is at church.　Mass started at noon.　His wife is late.
正確答案是 B。你答對了嗎？

12.

> 🔊 音軌 17
>
> 錄音內容： The man is being examined by a doctor.
> He is lying on a bed.
>
> 答案： I
>
> 字詞解釋： examine〔ɪgˋzæmɪn〕v. 檢查　　doctor〔ˋdɑktɚ〕n. 醫生
> lying〔ˋlaɪɪŋ〕v. 躺【lie 的現在分詞】　　bed〔bɛd〕n. 床
>
> 說明： 男士正在接受醫生的檢查。他正躺在床上。
> 有三個關鍵字：「檢查」examine、「醫生」doctor、「床」bed。
> 圖片醫生像是在檢查「心跳」heartbeat〔ˋhɑrt͵bit〕，
> 用的工具叫「聽診器」stethoscope〔ˋstɛθə͵skop〕。

13.

> 🔊 音軌 18
>
> 錄音內容： Mr. Stevens is an accountant.
> He is very busy at work.
>
> 答案： A
>
> 字詞解釋： Mr.〔ˋmɪstɚ〕n. …先生　　Stevens〔ˋstivənz〕n. 史蒂文斯
> accountant〔əˋkauntənt〕n. 會計師　　busy〔ˋbɪzɪ〕adj. 忙碌的
> **at work** 在工作；在上班
>
> 說明： 史蒂文斯先生是位會計師。他上班非常忙碌。
> 關鍵字：「先生」Mr.、「忙碌」busy、「上班」at work。
> 即使聽不懂「會計師」accountant 也可以寫對題目。

14.

> 🔊 音軌 19
>
> 錄音內容： Officer Franklin uses a wheelchair.
> He also has a service dog.
>
> 答案： E
>
> 字詞解釋： officer〔ˋɔfəsɚ〕n. 警官　　Franklin〔ˋfræŋklɪn〕n. 富蘭克林
> use〔juz〕v. 使用　　wheelchair〔ˋwil͵tʃɛr〕n. 輪椅
> service〔ˋsɝvɪs〕n. 服務　　dog〔dɔg〕n. 狗　　**service dog** 服務犬
>
> 說明： 富蘭克林警官使用輪椅。他也有一隻服務犬。
> 關鍵字：「警官」officer、「輪椅」wheelchair、「服務犬」service dog。

15.

 音軌 20

錄音內容： Tom is doing sit-ups. Jenny is holding his feet.

答案： D

字詞解釋： Tom〔tɑm〕n. 湯姆　　sit-up〔'sɪt͵ʌp〕n. 仰臥起坐

Jenny〔'dʒɛnɪ〕n. 珍妮

hold〔hold〕v. 握著；使固定

feet〔fit〕n. pl. 腳【foot 的複數】

說明： 湯姆正在做仰臥起坐。珍妮正握住他的腳。

另一個常見的運動是「伏地挺身」push-up〔'puʃ͵ʌp〕（= pushup）。

16.

 音軌 21

錄音內容： Mr. and Mrs. Evans are sunbathing at the beach.
They are under an umbrella.

答案： C

字詞解釋： Mr.〔'mɪstɚ〕n. …先生　　Mrs.〔'mɪsɪz〕n. …太太；…夫人

Evans〔'ɛvənz〕n. 埃文斯　　sunbathe〔'sʌn͵beð〕v. 做日光浴

beach〔bitʃ〕n. 海灘　　umbrella〔ʌm'brɛlə〕n. 傘；雨傘；陽傘

說明： 埃文斯夫婦在海灘做日光浴。他們在陽傘下面。

關鍵字：「夫婦」Mr. and Mrs.、「做日光浴」sunbathe、「海灘」
beach、「陽傘」umbrella。

海灘女生會穿「泳衣」swimsuit〔'swɪm͵sut〕（= swimming suit），
男生則是穿「泳褲」swimming trunks〔trʌŋks〕，
遮陽可躲在「陽傘」parasol〔'pærə͵sɔl〕或是「海灘傘」beach
umbrella 底下。

17.

🔊 音軌 22

錄音內容： The Potters are posing for a family picture.
Mr. Potter is wearing a blue sweater.

答案： H

字詞解釋： Potter〔ˋpɑtɚ〕*n.* 波特　　　***the Potters*** 波特一家人

pose〔poz〕*v.* 擺姿勢　　　family〔ˋfæməlɪ〕*n.* 家庭

picture〔ˋpɪktʃɚ〕*n.* 照片　　　***family picture*** 全家福照片

wear〔wɛr〕*v.* 穿；戴

blue〔blu〕*adj.* 藍色的　　　sweater〔ˋswɛtɚ〕*n.* 毛衣

說明： 波特一家人正在擺姿勢拍全家福照。波特先生穿著一件藍色毛衣。
關鍵字：「全家福照」family picture、「藍色毛衣」blue sweater。

18.

🔊 音軌 23

錄音內容： Jeff is getting a shot in his arm. It hurts a lot!

答案： G

字詞解釋： Jeff〔dʒɛf〕*n.* 傑夫　　shot〔ʃɑt〕*n.* 注射；打針

arm〔ɑrm〕*n.* 手臂　　hurt〔hɝt〕*v.* 疼痛

a lot 很多；非常

說明： 傑夫正在手臂上打針。這很痛！
關鍵字：「打針」shot、「痛」hurt。
「注射」的同義字：injection〔ɪnˋdʒɛkʃən〕*n.* 注射；打針
have an injection (*in…*)（在…）被注射；（在…）被打針
give sb. an injection 給某人打針

第四部分：選擇題（第 19-25 題）

 溫 馨 提 示

● 這部分每題你將會聽到 1 段主題熟悉、簡短的日常生活會話。

● 每段對話開始前，你會先同時聽到與看到 1 個題目，仔細了解題目問的是 why、who、what、where、when、還是 how，然後從對話中聽懂關鍵字，即可找出答案。

例題：

你會先聽到及看到：

       Where are the speakers?

       A. At school.

       B. At a bus stop.

       C. At a gym.

然後你會聽到：

     Boy： How long have you been waiting for the bus?

     Girl： About 15 minutes.

     Boy： I thought the Downtown Express was supposed to run every five to seven minutes?

     Girl： Only during rush hour. Other times it runs every 20 minutes.

正確答案是 B. At a bus stop. 你答對了嗎？

19.

音軌 25	試題冊
Woman：Dad, can you give me a ride to school this morning?	What does Helen ask for?
女：爸爸，你今天早上可以載我去上學嗎？	海倫要求什麼？
Man：Why don't you take the bus like you always do?	A. Money for bus fare. 公車車費。
男：妳爲何不向妳平常一樣搭公車？	B. A ride to school. 載她上學。
Woman：Because I can't find my Easy Card and I'm already running late.	C. Help with her homework. 幫她寫功課。
女：因爲我找不到我的悠遊卡，而且我已經快遲到了。	
Man：I'm sorry, but I have to go to work, Helen. I don't have time. You will have to find another way to get to school.	
男：我很抱歉，但是我必須去上班，海倫。我沒有時間。妳將必須找到另一個方式去上學。	

答案： B

字詞解釋： ride〔raɪd〕*n.* 搭乘　　***give sb. a ride*** 載某人；給某人搭便車

take the bus 搭公車　　always〔'ɔlwez〕*adv.* 經常；總是

Easy Card 悠遊卡　　already〔ɔl'rɛdɪ〕*adv.* 已經

be running late 快要遲到了　　***have to V.*** 必須～

go to work 去上班　　Helen〔'hɛlən〕*n.* 海倫　　***get to*** 到達

ask for 要求　　fare〔fɛr〕*n.* 車費

help sb. ***with*** sth. 幫助某人做某事

說明： 題目問：Helen 要求什麼？關鍵字是：give me a ride（載我）。

20.

音軌 26	試題冊
Man：Are these apples on sale? 男：這些蘋果有特價嗎？ Woman：Yes. We have a special on apples today: 　　　buy one, get one free. 女：有的。我們今天蘋果有特價：買一送一。 Man：How much for one apple? 男：一顆蘋果多少錢？ Woman：Twenty cents. 女：二十分錢。 Man：OK, I want ten apples, so that means I'll only 　　 be charged for five, correct? 男：好的，我要十顆蘋果，所以這表示我只要付五 　　顆的錢，對吧？ Woman：That's right. 女：沒錯。	How much did the man spend on apples? 男士花了多錢買蘋果？ A. Twenty cents. 　二十分錢。 B. One dollar. 　一美元。 C. Two dollars. 　二美元。

答案： B

字詞解釋： apple〔'æpḷ〕*n.* 蘋果　　***on sale*** 特價　　special〔'spɛʃəl〕*n.* 特價

buy〔baɪ〕*v.* 買　　***buy one, get one free*** 買一送一

cent〔sɛnt〕*n.* 一分錢　　mean〔min〕*v.* 意思是；表示

charge〔tʃɑrdʒ〕*v.* 索費　　correct〔kə'rɛkt〕*adj.* 對的；正確的

That's right. 沒錯。　　spend〔spɛnd〕*v.* 花（錢）

說明： 題目問：男士花了多少錢？關鍵字是：be charged for five（被索取五顆的錢），一顆 twenty cents（二十分錢），所以總共是 20X5=100 分錢，就是一塊美金。

21.

音軌 27

Woman : Come on, Dave. It's time to board the bus for the field trip to the museum.

女：快點，戴夫。該是搭公車去博物館戶外教學的時候了。

Man : I'm not going.

男：我沒有要去。

Woman : You aren't? Why not?

女：你沒有？爲何不去？

Man : I forgot to have my parents sign the permission slip, so Miss Liu said I can't go.

男：我忘記叫我爸媽簽同意書，所以劉老師說我不能去。

Woman : Oh, that's too bad. What are you going to do instead? You'll be all alone.

女：喔，那眞可惜。那你改做什麼？你會很孤單。

Man : Miss Liu said I will have to spend the day in the library.

男：劉老師說我將必須在圖書館度過一天。

試題冊

Why isn't Dave going on the field trip?

爲何戴夫不去戶外教學？

A. He forgot to have his parents sign a form.

<u>他忘記叫他的父母在表格上簽名。</u>

B. He refused to pay the fee.

他拒絕付費。

C. He doesn't feel well this morning.

他今天早上覺得不舒服。

答案：　　　A

字詞解釋：　***Come on.*** 來吧；快點。　　　Dave〔dev〕*n.* 戴夫

it's time to V. 該是…的時候了

board〔bord〕*v.* 上（車、船、飛機等）　　　field〔fild〕*n.* 田野

trip〔trɪp〕*n.* 旅行　　***field trip*** 戶外教學

museum〔mju'ziəm〕*n.* 博物館　　***Why not?*** 爲何不？

forgot〔fə'gat〕*v.* 忘記【forget 的過去式】　　have〔hæv〕*v.* 使；叫

parents〔'pɛrənts〕*n. pl.* 父母　　sign〔saɪn〕*v.* 簽名於

permission〔pə'mɪʃən〕*n.* 許可；允許　　slip〔slɪp〕*n.* 細長片；紙片

permission slip 同意書　　Miss〔mɪs〕*n.* …小姐；…老師

That's too bad. 眞遺憾；眞可惜。

instead〔ɪn'stɛd〕*adv.* 反而；改做　　alone〔ə'lon〕*adj.* 單獨的；孤獨的

have to V. 必須～　　spend〔spɛnd〕*v.* 度過

library〔'laɪˌbrɛrɪ〕*n.* 圖書館　　***go on a trip*** 去旅行

form〔fɔrm〕*n.* 表格　　refuse〔rɪ'fjuz〕*v.* 拒絕　　pay〔pe〕*v.* 支付

fee〔fi〕*n.* 費用　　well〔wɛl〕*adj.* 健康的；舒服的

說明：　　　題目問：Dave 為何不去戶外教學？關鍵字是：forgot to have my parents sign the permission slip（忘記叫我父母簽同意書），同義的說法就是 forgot to have his parents sign the form（忘記叫他的父母在表格上簽名）。

22.

🔊 音軌 28 Man : Did you have a good time in Wulai, Mary? 　男：妳在烏來玩得愉快嗎，瑪麗？ Woman : Yes, I did. My brother and I went rock climbing, and then we went to a hot spring. 　女：是的，我玩得很愉快。我弟弟和我去攀岩，然後我們去泡溫泉。 Man : What about your mom and dad? Did they go rock climbing, too? 　男：那妳爸媽呢？他們也有去攀岩嗎？ Woman : No, they stayed at the hot spring. We met them later for dinner. 　女：沒有，他們待在溫泉裡。我們晚點跟他們見面吃晚餐。	試題冊 Who went rock climbing with Mary? 誰和瑪麗去攀岩？ A. Her brother. 　她的弟弟。 B. Her sister. 　她的妹妹。 C. Her father. 　她的父親。

答案：　　　A

字詞解釋：　***have a good time*** 玩得愉快（= *enjoy oneself*）

rock〔rɑk〕*n.* 岩石　　　climb〔klaɪm〕*v.* 攀登；爬

go rock-climbing 去攀岩　　　then〔ðɛn〕*adv.* 然後

spring〔sprɪŋ〕*n.* 泉水　　　***hot spring*** 溫泉

What about~？ ～如何？　　　stay〔ste〕*v.* 保持；停留

met〔mɛt〕*v.* 和…見面【meet 的過去式】

later〔'letɚ〕*adv.* 之後；隨後

dinner〔'dɪnɚ〕*n.* 晚餐

說明：　　　題目問：Mary 和誰去攀岩？關鍵字是：My brother and I went rock climbing（我弟弟和我去攀岩）。

23.

音軌 29 Woman : Kevin, there's a big sale at SOGO department store today. Let's go see what kind of deals they have. 女：凱文，SOGO 百貨公司今天有大拍賣。我們去看看他們有賣什麼便宜貨吧。 Man : Actually, I need a new pair of shoes. But the store will be so crowded. I'm not in the mood. 男：事實上，我需要一雙新鞋。但是店內會很擁擠。我沒心情去。 Woman : Yes, I thought about that, too. Maybe we can wait until later in the evening when there won't be so many shoppers. 女：是的，我也那樣想。或許我們可以等到晚上，那時就不會有那麼多的購物人潮。 Man : Right. Let's do that instead. 男：好的。我們就改成這麼做吧。	試題冊 When will Kevin and Ellen most likely visit SOGO? 凱文和艾倫最可能何時去 SOGO ？ A. Early in the morning. 　一大早。 B. During lunchtime. 　晚餐時間。 C. After dinner. 　<u>晚餐後。</u>

答案： C

字詞解釋： Kevin〔ˋkɛvɪn〕*n.* 凱文　　***there + be*** 有～　　sale〔sel〕*n.* 銷售；拍賣

big sale 大拍賣　　department〔dɪˋpɑrtmənt〕*n.* 部門

department store 百貨公司　　***Let's*** ～ 我們一起～吧

go V. 去～（= go to V.）　　kind〔kaɪnd〕*n.* 種類

deal〔dil〕*n.* 交易；便宜貨；划算的交易

actually〔ˋæktʃuəlɪ〕*adv.* 實際上；事實上（= in fact）

need〔nid〕*v.* 需要　　***a pair of*** 一雙　　shoes〔ʃuz〕*n. pl.* 鞋子

store〔stor〕*n.* 商店　　crowded〔ˋkraʊdɪd〕*adj.* 擁擠的

mood〔mud〕*n.* 心情　　***in the mood*** 有心情（做…）；興致勃勃

think about 考慮到　　maybe〔ˋmebɪ〕*adv.* 或許；可能

wait〔wet〕*v.* 等　　until〔ənˋtɪl〕*prep.* 直到

later〔ˋletɚ〕*adv.* 較晚地；更晚地　　evening〔ˋivnɪŋ〕*n.* 傍晚

late in the evening 晚上稍晚的時候

shopper〔ˋʃɑpɚ〕*n.* 購物者；顧客　　right〔raɪt〕*interj.* 好的

instead〔ɪnˋstɛd〕*adv.* 反而；改做　　Ellen〔ˋɛlən〕*n.* 艾倫

likely〔ˋlaɪklɪ〕*adv.* 可能　　visit〔ˋvɪzɪt〕*v.* 探訪；去

lunchtime〔ˋlʌntʃˌtaɪm〕*n.* 午餐時間

說明： 題目問：Kevin 和 Ellen 最可能何時去逛 SOGO ？關鍵字是：later in the evening（晚上稍晚的時候）。

24.

音軌 30

Man : Gloria, you're late this morning. You were supposed to be here at 8:00.

男：葛洛麗雅，妳今天早上遲到了。妳應該八點要到這裡。

Woman : I'm sorry, Mr. Taylor. I slept through my alarm. I was up late studying last night.

女：我很抱歉，泰勒老師。我沒被鬧鐘叫醒。我昨天晚上熬夜讀書。

Man : Why didn't your parents wake you?

男：爲何妳父母沒有叫醒妳？

Woman : They both leave for work before I get up. Otherwise, I'm sure they would have made sure I was on time.

女：他們在我起床前就去上班了。不然我確定他們當時會確保我會準時到校。

Man : OK, I won't punish you this time, but don't let it happen again.

男：好的，我不會處罰妳，但是不要讓這樣的事再發生。

試題冊

Why was Gloria late this morning?

爲什麼葛洛麗雅今天早上遲到？

A. She missed her train.
她錯過火車。

B. Her parents forgot to wake her.
她的父母忘記叫醒她。

C. She slept through her alarm.
她沒被鬧鐘叫醒。

答案：　　　C

字詞解釋：　Gloria〔ˋglorɪə〕n. 葛洛麗雅　　late〔let〕adj. 遲到的

suppose〔səˋpoz〕v. 認爲　　**be supposed to V** 應該～

Mr.〔ˋmɪstə〕n. …先生；…老師　　Taylor〔ˋtelə〕n. 泰勒

slept〔slɛpt〕v. 睡覺【sleep 的過去式】

sleep through 未被…吵醒；在…中沈睡不醒

alarm〔əˋlɑrm〕n. 鬧鐘（= *alarm clock*）　　up〔ʌp〕adj. 沒睡覺

be up late 熬夜（= *stay up late*）　　study〔ˋstʌdɪ〕v. 讀書

parents〔ˋpɛrənts〕n. pl. 父母　　wake〔wek〕v. 叫醒

leave for 動身前往　　work〔wɜk〕n. 工作

leave for work 去上班（= *go to work*）　　**get up** 起床

otherwise〔ˋʌðə͵waɪz〕adv. 否則；要不然　　sure〔ʃur〕adj. 確定的

would have + p.p. 當時會～　　**make sure** 確定　　**on time** 準時的

punish〔ˋpʌnɪʃ〕v. 處罰　　happen〔ˋhæpən〕v. 發生

miss〔mɪs〕v. 錯過　　train〔tren〕n. 火車

說明：　　題目問：Gloria 爲何今天早上遲到？關鍵字是：I slept through my alarm（我沒被鬧鐘叫醒）。

25.

🔊 音軌 31

Woman : Jerry, have you ever tried Taipei's Youbike system?

女：傑瑞，你有嘗試過台北市的微笑單車系統嗎？

Man : Sure, I use it all the time. I use a smartphone app that tells you how many bikes are available at any given station.

男：當然，我一直都有在使用。我用一個智慧型手機的應用程式，它會告訴你有多少腳踏車在任何指定的車站可供使用。

Woman : Wow, that's so cool! Is the app in English or Chinese?

女：哇，那好酷喔！那應用程式是英文還是中文？

Man : Both. And what's more, it's available in Pinyin, too.

男：兩者都有。此外，也有漢語拼音。

試題冊

How often does Jerry use Youbike?

傑瑞多久使用一次微笑單車？

A. Never.
   從來沒有。

B. Sometimes.
   有時候。

C. Often.
   常常。

答案：　　C

字詞解釋：　Jerry〔'dʒɛrɪ〕n. 傑瑞　　ever〔'ɛvɚ〕adv. 曾經

try〔traɪ〕v. 嘗試　　**Youbike** 微笑單車【臺北市公共自行車租賃系統】

system〔'sɪstəm〕n. 系統　　sure〔ʃur〕adv. 當然

use〔juz〕v. 使用　　**all the time** 向來；一直

smartphone〔'smɑrt,fon〕n. 智慧型手機（= smart phone）

app〔æp〕n. 應用程式（= application〔,æplə'keʃən〕）

bike〔baɪk〕n. 腳踏車　　available〔ə'veləbl〕adj. 可利用的；可獲得的

given〔'gɪvən〕adj. 指定的　　station〔'steʃən〕n. 車站

wow〔waʊ〕interj.（表示驚訝、喜悅等）哇

cool〔kul〕adj. 很酷的

what's more 此外（= besides = in addition）

Pingin〔'pɪnjɪn〕n. 漢語拼音【簡稱「拼音」】

how often 多常；多久一次　　never〔'nɛvɚ〕adv. 從未；未嘗

sometimes〔'sʌm,taɪmz〕adv. 有時候　　often〔'ɔfən〕adv. 常常

說明：　　題目問：Jerry 多久使月一次微笑單車？關鍵字是：all the time（向來；一直），同義字為 often（常常）。

第一部分：是非題（第 1-20 題）

 溫馨提示

- 在這部分測驗，要判斷句子的描述與圖片的內容是不是一樣。
- 作答時先仔細了解圖片提供的資訊，例如物品、人物、顏色、動作、數字、時間、地點等，看是否與圖片一致，再作答。（下面的 Y 代表 Yes，N 代表 No。）

例題：

例 1：This is a pair of sneakers.
例 2：They are blue and white.
兩題的正確答案都是 Y。你答對了嗎？

第 1-2 題

1. This is a tea kettle.

2. It is gray.

答案： 1. Y 2. Y
字詞解釋： 1. tea〔ti〕n. 茶 kettle〔'kɛtl〕n. 茶壺；燒水壺
2. gray〔gre〕adj. 灰色的
說明： 1. 這是一個茶壺。
2. 它是灰色的。
根據圖片，也可以說：The water is boiling.（水開了。）

第 3-4 題

3. The boy is smiling.

4. He has a sore throat.

答案：　　　3. N　　4. Y

字詞解釋：　3. smile〔smaɪl〕v. 微笑

　　　　　　4. sore〔sor〕adj. 痛的　　　throat〔θrot〕n. 喉嚨
　　　　　　have a sore throat 喉嚨痛

說明：　　　3. 這題考的是表情，圖片中的小男孩看起來不舒服，和英文敘述
　　　　　　　"smiling"（正在微笑）不符，所以答案是 N。

　　　　　　4. 這題考的是「身體病痛」，「喉嚨痛」have a sore throat，與圖片
　　　　　　　相符，所以答案是 Y。
　　　　　　　其他常見的病痛有：stomachache〔'stʌmək,ek〕n. 胃痛、
　　　　　　　headache〔'hɛd,ek〕n. 頭痛。　　　toothache〔'tuθ,ek〕n. 牙痛
　　　　　　　My feet are sore. 我腳很痛；我腳很痠。

第 5-6 題

5. This is fast food.

6. They are finished eating.

答案：　　　5. Y　　6. N

字詞解釋：　5. **fast food** 速食

　　　　　　6. **be finished** + **V-ing** 結束～（= finish V-ing）

說明：　　　5. 這是速食。　　6. 他們吃完了。
　　　　　　　圖片中的食物是：hamburger〔'hæmbɝgɚ〕n. 漢堡
　　　　　　　French fries 薯條

第 7-8 題

7. They are seated at a table.

8. They are watching a film.

答案：　　　7. Y　　8. N

字詞解釋：　7. **be seated** 坐（= sit）　　**at a table** 在桌子旁邊

　　　　　　8. watch〔watʃ〕v. 看　　film〔fɪlm〕n. 電影

說明：　　　7. 他們坐在桌子旁邊。

　　　　　　要分辨 at a table（在桌子旁邊）和 on a table（在桌子上）不同。

　　　　　　8. 他們正在看電影。

　　　　　　watch a film（看電影）也可說成 watch a movie。

第 9-10 題

9. It is noon.

10. It is raining.

答案：　　　9. N　　10. N

字詞解釋：　9. noon〔nun〕n. 中午；正午

　　　　　　10. rain〔ren〕v. 下雨

說明：　　　9. 現在是中午。

　　　　　　看太陽剛升起，不是中午，應該是「黎明；破曉」dawn〔dɔn〕
　　　　　　（= daybreak），或是「日落；黃昏」dusk〔dʌsk〕（= twilight）。

　　　　　　10. 現在在下雨。

　　　　　　圖片顯示應該是「晴天的」sunny〔'sʌnɪ〕。旁邊的樹是
　　　　　　「椰子樹」coconut palm〔'kokənʌt pɑm〕。

第 11-12 題

11. This is a mug of beer.

12. The glass is empty.

答案： 　11. Y 　12. N

字詞解釋： 11. mug〔mʌg〕n. 大玻璃杯；一杯的量　　beer〔bɪr〕n. 啤酒

12. glass〔glæs〕n. 玻璃杯　　empty〔'ɛmptɪ〕adj. 空的

說明： 11. 這是一杯啤酒。

wine〔waɪn〕n. 葡萄酒　　champagne〔ʃæm'pen〕n. 香檳酒

喝以上兩種酒通常用 goblet〔'gɑblɪt〕n. 高腳杯

12. 玻璃杯是空的。

看圖片，是「滿的」full〔fʊl〕。

啤酒上面的水泡叫作 foam〔fom〕n. 水泡；泡沫（= *beer head*）。

第 13-16 題

13. People come here to swim.
14. They are seated on a blue blanket.
15. They are seated in a circle.
16. There are trees behind the group.

答案： 　13. N 　14. N 　15. Y 　16. Y

字詞解釋： 13. swim〔swɪm〕v. 游泳

14. **be seated** 坐（= *sit*）　　blue〔blu〕adj. 藍色的

blanket〔'blæŋkɪt〕n. 毯子

15. circle〔'sɪkḷ〕n. 圓圈　　**be seated in a circle** 圍成一圈坐下

16. **there + be** 有～　　tree〔tri〕n. 樹

behind〔bɪ'haɪnd〕prep. 在…後面　　group〔grup〕n. 一群；團體

說明： 這四題考的是活動與位置的說法。

13. 人們來這裡游泳。

應該是：picnic（'pɪknɪk）n. 野餐　　**have a picnic** 野餐

14. 他們坐在藍色的毯子上面。

應該是：white（hwaɪt）adj. 白色的

15. 他們圍成一圈坐下來。

其他的形狀有：triangle（'traɪˌæŋgl）n. 三角形

square（skwɛr）n. 正方形

rectangle（'rɛktæŋgl）n. 長方形；矩形

16. 在這羣人後面有樹。

第 17-20 題

17. The cat is sitting on the floor.
18. The girl on the right is reading a book.
19. The girl on the left is wearing red pajamas.
20. The woman in white is sewing.

答案： 17. N　18. N　19. N　20. Y

字詞解釋： 17. floor（flor）n. 地板；地面

18. right（raɪt）n. 右邊；右方　　read（rid）v. 閱讀　　book（buk）n. 書

19. left（lɛft）n. 左邊；左方　　pajamas（pə'dʒæməz）n. pl. 睡衣

20. **in white** 穿白色衣服　　sew（so）v. 縫紉

說明： 17. 貓坐在地板上。

應該是「在桌上」on the table，答案是 N。

18. 在右邊的女孩正在讀書。

應該是準備要「吃點心」have a snack，答案是 N。

19. 在左邊的女孩穿著紅色睡衣。

應該是「藍色的」blue（blu），所以答案是 N。

20. 穿白衣的女士在縫紉。

圖片裡還有：cushion（'kuʃən）n. 坐墊；椅墊

neckerchief（'nɛkətʃɪf）n. 圍巾；頸巾

第二部分：短文填空（第 21-25 題）

 溫馨提示

- 在這部分測驗中，你可先看圖片並很快地閱讀整篇短文的內容，來了解文章大意，並從三個選項中找出最適合的字詞。
- 平時閱讀文章時，加強訓練，可以多注意字詞的搭配關係，像是「動詞＋名詞」（如 keep a diary）。

Keeping pets can teach you how to take ___（例題）___ of animals. If you have a dog, you will need to___(21)___ it every day and give it food on time.   You will also have to wash its body at least ___(22)___. But cats can clean themselves. So some people think that keeping cats is much ___(23)___ keeping dogs. But other people think that dogs are nice to people. When we talk to them, dogs look at us as if they ___(24)___ understand what we say. In fact, many people think that their dog is their best friend. That is ___(25)___ more people want a dog at home than a cat.

例題：A. care（正確答案）　　　　B. love　　　　C. save

短文翻譯：養寵物可以教你如何照顧動物。如果你有一隻狗，你就必須每天去遛牠，並準時給牠食物。你也將必須至少一個月幫牠洗一次身體。但是貓會清理自己。所以，有些人認為養貓比養狗容易許多。但是其他人則認為狗對人很友善。當我們跟牠們講話時，狗會看著我們，好像牠們了解我們說的話。事實上，很多人認為牠們的狗是他們最好的朋友。那就是為什麼有比較多的人想在家裡養一隻狗，而不是貓。

字詞解釋： keep〔kip〕v. 飼養　　pet〔pɛt〕n. 寵物
　　　　　 teach〔titʃ〕v. 教導　　**take care of** 照顧
　　　　　 animal〔'ænəmḷ〕n. 動物　　**every day** 每天
　　　　　 food〔fud〕n. 食物　　**on time** 準時　　**have to V.** 必須～
　　　　　 wash〔wɑʃ〕v. 洗　　body〔'bɑdɪ〕n. 身體　　**at least** 至少
　　　　　 clean〔klin〕v. 清理　　much〔mʌtʃ〕adv.（修飾比較級）非常
　　　　　 nice〔naɪs〕adj. 親切的　　**look at** 看著
　　　　　 as if 就好像　　understand〔ˌʌndɚ'stænd〕v. 了解
　　　　　 in fact 事實上

21. you will need to___(21)___ it every day and give it food on time

　　A. walk　　　　　　　　B. ride　　　　　　　　C. dance

　　答案：A

　　說明：這題考的是搭配詞，walk a dog（遛狗）。

　　選項B：ride〔raɪd〕v. 騎

　　選項C：dance〔dæns〕v. 跳舞　皆不合句意。

22. You will also have to wash its body at least ___(22)___.

　　A. one a month

　　B. two time a month

　　C. once a month

　　答案：C

　　說明：這題考的是頻率的說法，once〔wʌns〕adv. 一次，time〔taɪm〕n. 次數。

　　選項B：要改成 two time**s** a month 或 twice a month。

　　　　　 twice〔twaɪs〕adv. 兩次

23. So, some people think that keeping cats is much ___(23)___ keeping dogs.

A. as easy as

B. more easy than

C. easier than

答案：C

說明：這題考的是比較級的用法。easy 的比較級是 easier，搭配 than。
而因為前方有修飾比較級的 much，所以不可以用原級 as easy
as（和…一樣容易）。

24. When we talk to them, dogs look at us as if they ___(24)___ understand what
we say.

A. able to

B. are able to

C. can be able to

答案：B

說明：這題考的是 able 的用法，be able to V.（能夠～），而不能和 can
連用，語意重複，所以選項 C 要改成 can。

25. That is ___(25)___ more people want a dog at home than a cat.

A. why   B. how   C. what

答案：A

說明：這題考的是前後文意。上面敘述人們喜歡養狗的「原因」，所以答案
選 A。考的

選項 B：how 是「如何」。

選項 C：what 是「什麼」。

第三部分：閱讀理解（第 26-30 題）

 溫馨提示

● 這部分考的是理解各類型的短文（例如廣告文宣、簡短訊息、看板），並從中找到所需要的資訊（例如地點、時間、價格、理由等）。

● 練習閱讀短文時，可先判斷短文的種類（例如廣告文宣、簡短訊息、看板），然後利用所附的標題或插圖快速了解短文的大意並並預測內容。

● 實際考試時，若遇到不認識或不熟悉的單字，可以先跳過，以先了解文章大意為重點，也可以利用每篇文章旁邊標有 📖 的方塊，是用來表示不在「小學英檢」出現的常考字彙，或是較難的單字，並以此了解閱讀文章細節。

第 26-27 題

Sun. May 12th, 2016

Dear Diary,

Today is Mother's Day, but **it's not my day**...

In the early morning, I rode my bike to the flower shop for a beautiful red carnation. The carnations there were 1,000 for three, but I had only 100 dollars. It was too expensive for me to buy one, so I left. Then, on my way home, I fell off from the bike. My T-shirt and pants became very dirty. But it was not the end. When I got home, Mom was really angry to see the way I looked and shouted, "Wash the clothes yourself." What an unlucky day!

Sad Helen

> 📖 rode 騎（過去式） left 離開（過去式）
> fell off 跌落 pants 褲子
> clothes 衣服
> unlucky 不幸的

短文翻譯：

親愛的日記： 2016 年 5 月 12 日，星期日

今天是母親節，但是是我的倒楣日…

今天一大早，我騎著我的腳踏車去花店買一朵美麗的康乃馨。那裡的康乃馨三朵一千，但是我只有一百元。那對我來說太貴了，買不起，所以我離開了。然後，在我回家的路上，我從腳踏車上跌下來，我的 T 恤和長褲都弄得很髒。但是這還沒結束。正當我回到家時，媽媽看到我樣子，非常生氣，並大聲吼叫說「自己去洗衣服。」真是倒楣的一天。

難過的海倫

字詞解釋： diary〔'daɪərɪ〕n. 日記　　**Mother's Day** 母親節

it's not one's **day** 某人的倒楣日　　rode〔rod〕v. 騎【ride 的過去式】

flower〔'flaʊɚ〕n. 花　　shop〔ʃɑp〕n. 商店

beautiful〔'bjutəfəl〕adj. 美麗的　　red〔rɛd〕adj. 紅色的

carnation〔kɑr'neʃən〕n. 康乃馨　　dollar〔'dɑlɚ〕n. 元

expensive〔ɪk'spɛnsɪv〕adj. 昂貴的　　**too…to**～ 太…以致於不～

left〔lɛft〕v. 離開【leave 的過去式】　　then〔ðɛn〕adv. 然後

on one's **way home** 在某人回家的路上

fell〔fɛl〕v. 落下【fall 的過去式】　　**fall off** 跌落

bike〔baɪk〕n. 腳踏車　　**T-shirt** T 恤；圓領短袖衫

pants〔pænts〕n. pl. 長褲　　dirty〔'dɝtɪ〕adj. 髒的

end〔ɛnd〕n. 結束　　angry〔'æŋgrɪ〕adj. 生氣的

look〔lʊk〕v. 看起來　　shout〔ʃaʊt〕v. 吼叫　　wash〔wɑʃ〕v. 洗

clothes〔kloz〕n. pl. 衣服　　unlucky〔ʌn'lʌkɪ〕adj. 運氣不好的；倒楣的

sad〔sæd〕adj. 難過的；傷心的　　Helen〔'hɛlən〕n. 海倫

26. How did Helen go to the flower shop?（海倫如何去花店？）

A. By bicycle.（騎腳踏車。）

B. By train.（搭火車。）

C. By taxi.（坐計程車。）

答案：A

說明：本題問的是 Helen 如何去花店（How）。關鍵字是 I rode my bike，因此答案是 A。

27. Why was the mother angry?（為何母親很生氣？）

A. Helen was late.（海倫遲到。）

B. Helen didn't buy a carnation.（海倫沒有買康乃馨。）

C. Helen looked dirty.（海倫看起來很髒。）

答案：C

說明：本題問 Helen 媽媽的反應。關鍵字為 "Mom was really angry to see the way I looked"，因此答案是 C。

第 28-30 題

Super Cherry Sundae

To make a cherry sundae, you need a spoon of cherry jam, a half cup of cookies, a cup of cherry-flavored ice cream, and two fresh cherries.

=== *HOW TO DO IT* ===

FIRST, WASH THE CHERRIES.

SECOND, PUT THE CHERRY JAM IN A GLASS.

THIRD, PUT THE COOKIES ON TOP OF THE JAM.

NEXT, PUT THE ICE CREAM IN THE GLASS.

LAST, PUT THE FRESH CHERRIES ON THE TOP.

📖 spoon 湯匙　cherry 櫻桃
jam 果醬　　half 一半
flavored …口味的
top 頂端

短文翻譯：

超級櫻桃聖代

要做櫻桃聖代，你需要一湯匙的櫻桃果醬，半杯的餅乾，一杯櫻桃口味的冰淇淋，和兩顆新鮮的櫻桃。

=== 如何製作 ===

首先，清洗櫻桃。

第二，把櫻桃果醬放入玻璃杯。

第三，把餅乾放到果醬上面。

接下來，把冰淇淋放進玻璃杯。

最後，把新鮮的櫻桃放在上面。

字詞解釋： super〔'supɚ〕adj. 超級的；極好的　　cherry〔'tʃɛrɪ〕n. 櫻桃

sundae〔'sʌndɪ〕n. 聖代　　need〔nid〕v. 需要

spoon〔spun〕n. 湯匙；一湯匙的量　　jam〔dʒæm〕n. 果醬

half〔hæf〕adj. 一半的　　cup〔kʌp〕n. 杯子；一杯的量

cookies〔'kʊkɪ〕n. 餅乾　　flavored〔'flevɚd〕adj. …口味的

ice cream 冰淇淋　　fresh〔frɛʃ〕adj. 新鮮的　　first〔fɜst〕adv. 首先

second〔'sɛkənd〕adv. 第二　　glass〔glæs〕n. 玻璃杯

third〔θɜd〕adv. 第三　　cookie〔'kʊkɪ〕n. 餅乾

top〔tɑp〕n. 頂端；上面　　**on op of** 在…的上面

next〔nɛkst〕adv. 接下來；其次　　last〔læst〕adv. 最後

28. In which book can we see this page?

（我們可以在哪本書裡面看到這一頁？）

A. A picture book.（繪本。）

B. A comic book.（漫畫書。）

C. A cookbook.（食譜。）

答案：C

說明：本題問的是推斷內文的出處。從製作食物的過程，可以判斷出，本文會出現在食譜，因此答案是 C。

page〔pedʒ〕n. 頁　　**picture book** 圖畫書；繪本

comic book 漫畫書　　cookbook〔'kʊkˌbʊk〕n. 食譜

29. Jessica wants to make a cherry sundae for her family. Which doesn't she need?

（潔西卡想要做一個櫻桃聖代給她的家人。她不需要什麼？）

A. Ice cream. （冰淇淋。）

B. Chocolate jam. （巧克力醬。）

C. Cookies. （餅乾）

答案： B

說明： 本題問的是製作聖代的原料。關鍵字為：a spoon of <u>cherry jam</u>, a half cup of <u>cookies</u>, a cup of cherry-flavored <u>ice cream</u>, and two fresh <u>cherries</u>，可以判斷出，不需要 chocolate jam。

　　　　Jessica (ˈdʒɛsɪkə) *n.* 潔西卡

　　　　chocolate (ˈtʃɔkəlɪt) *n.* 巧克力

30. Leo reads this page and makes a cherry sundae. What does his cherry sundae look like?

（李奧讀了這一頁，並製作一個櫻桃聖代。他的櫻桃聖代像什麼樣子？）

A.

B.

C.

答案： A

說明： 這題考的是用文字來想像圖片，根據製作流程，答案是 A。

　　　　Leo (ˈlio) *n.* 李奧　　　like (laɪk) *prep.* 像

第四部分：填填看和短句問答（第 31-36 題）

溫馨提示

- 在這部分的測驗中，你要看懂短文後，依照提示，填入符合上下文意的字，並依據短文內容以短句回答問題。
- 測驗時要先詳細閱讀題目的中文說明，了解短文的背景之後，並配合圖片細讀內容。
- 填空時要填入完整的單字，注意拼字是否正確；回答問題時要寫完整的短句，寫完後記得檢查大小寫和標點符號。

作答說明：
這是出現在兒童健康雜誌上的兩封信。Ya-Lin 寫信給專欄主編 Miss White，得到了她的回信和建議。請依照圖和文章的內容完成這兩封信。注意：第 31-33 題每個空格只需要填一個完整單字。

Question

Hi Ms. Green, my（例題）
name is Ted.

All of us are really enjoying this tour. You've (31) **s____n** us so many interesting places. We've all learned a lot. However, we're (32) **l____g** for something fun to do. Is there somewhere we can go to relax?

Answer

Hi Ted, I'm glad you asked.

Our next (33) **s____p** will be Maple Lake. There we will have a picnic. Many people love to visit Maple Lake for the beautiful scenery and peaceful setting. We'll be there soon.

Question

嗨，格林小姐，我的名字是泰德。

我們所有人都很喜歡這次的旅遊。妳讓我們看到如此多有趣的地方。我們學到了很多。然而，我們正想找些有趣的事情來做。有什麼地方我們可以去放鬆一下的嗎？

Answer

嗨，泰德，我很高興看到你的問題。

我們的下一站將會是楓樹湖。我們將在那裡野餐。很多人喜歡遊覽楓樹湖，因為它有美麗的風景和寧靜的環境。我們很快就會抵達。

字詞解釋： Dear〔dɪr〕*adj.*（用於書信開頭）親愛的

Ms.〔mɪs〕*n.* …小姐；…女士　　Green〔grin〕*n.* 格林

name〔nem〕*n.* 名字　　Ted〔tɛd〕*n.* 泰德

really〔'riəlɪ〕*adv.* 真地　　enjoy〔ɪn'dʒɔɪ〕*v.* 享受；喜歡

tour〔tʊr〕*n.* 旅遊；觀光

shown〔ʃon〕*v.* 給～看【show 的過去分詞】

interesting〔'ɪntrɪstɪŋ〕*adj.* 有趣的　　learn〔lɝn〕*v.* 學習

a lot 很多　　however〔haʊ'ɛvɚ〕*adv.* 然而

look for 尋找　　fun〔fʌn〕*adj.* 有趣的

somewhere〔'sʌm,hwɛr〕*adv.* 某處　　relax〔rɪ'læks〕*v.* 放鬆

glad〔glæd〕*adj.* 高興的　　ask〔æsk〕*v.* 問

stop〔stɑp〕*n.* 停車站；停留地　　maple〔'mepl̩〕*n.* 楓樹

lake〔lek〕*n.* 湖　　picnic〔'pɪknɪk〕*n.* 野餐　　visit〔'vɪzɪt〕*v.* 遊覽

scenery〔'sinərɪ〕*n.* 風景　　peaceful〔'pisfəl〕*adj.* 寧靜的

setting〔'sɛtɪŋ〕*n.* 環境　　soon〔sun〕*adv.* 很快

31. You've **(31) s____n** us so many interesting places.

說明： 這題下一句是 "We've all leaned a lot"，可以知道泰德看到很多東西，格林小姐給他們看了很多，這裡頭尾是 s____n 的字是 <u>shown</u>。

32. However, we're **(32)** l____g for something fun to do.

說明： 看文意，知道泰德想要到某個地方，這裡頭尾是 l____g 的字是 <u>looking</u>。搭配介系詞 for，表示「尋找」。

33. Our next **(33)** s____p will be Maple Lake.

說明： 看文意，知道他們的下一個目的地是楓葉湖，因此可知接下來頭尾是 s____p 的字是 <u>stop</u>。

接下來，請根據上面兩封信的內容回答下面的問題。第 34-36 題請用句子回答。

例題：What has Ted seen? <u>He has seen interesting places.</u>

34. Where is Ted now?（泰德現在在哪裡？）

說明： 從圖片和問題可以得知：<u>He is on a (tour) bus.</u>（他在巴士上。／他在觀光巴士上。）

35. What will they do at Maple Lake?（他們將在楓樹湖做什麼？）

說明： 看到了關鍵字 do at Maple Lake，由 Ms. Green 給 Ted 的回答可以知道：<u>They will have a picnic there.</u>（他們會在那裡野餐。）

36. Who is Ms. Green?（格林小姐是誰？）

說明： 從圖片和回答可以知道：
<u>She is a tour guide.</u>（她是導遊。）
tour guide 導遊

第五部分：重組句子（第 37-40 題）

 溫馨提示

- 這部分要測驗的是你是否能寫出書寫格式與字詞順序正確的句子。
- 測驗時要仔細看題目，題目裡的每一個字詞都要用到，但不可以增加題目裡沒有的字，只需要把題目裡字詞的順序排列成合乎句意和文法的句子。
- 寫完要記得檢查，看看大小寫和標點符號是否正確。

例題：There / beautiful / some / flowers. / are
正確答案是 <u>There are some beautiful flowers.</u>

37. outside? / cold / very / Is it

答案： <u>Is it very cold outside?</u>
句型： It 表示「天氣」。Is it…？為問句，詢問天氣。
說明： 看到 Is 為大寫，要置於句首。最後要記得加問號。

38. tea. / cup of / I will / have a

答案： <u>I will have a cup of tea.</u>
句型： 主詞＋助動詞＋動詞＋受詞。
說明： 以主詞 I 開頭，助動詞是未來式 will，加上動詞 have，跟受詞 a cup of tea。

39. a letter. / A friend / me / wrote

答案： <u>A friend wrote me a letter.</u>
句型： 主詞＋授與動詞＋間接受詞＋直接受詞。
說明： 以主詞 A friend 開頭，加上授與動詞 wrote，再接間接受詞 me，最後再放直接受詞 a letter。

40. eat / here? / often / Do you

答案： <u>Do you often eat here?</u>
句型： 助動詞＋主詞＋頻率副詞＋原形動詞＋地方副詞？
說明： 此句是 Yes/No 問句，以助動詞 Do 加主詞 you 開頭，後面頻率副詞 often，然後接原形動詞 eat，再加上地方副詞 here，最後別忘了加問號。

 各部分的準備

以下介紹「小學英檢」口說測驗各部分的進行方式，並提供例答及學習小提示。

第一部分：暖身、問候

老師：Good morning/afternoon. How are you today?（待考生回應，老師繼續說話）

老師：May I have your score sheet?（考生將評分單交給老師）

老師：Your number is ＿＿＿＿＿＿.（老師唸出考生的號碼）

老師：My name is ＿＿＿＿＿＿. What's your name?

考生：My name is ＿＿＿＿＿＿.

老師：How old are you?

考生：I'm ＿＿＿＿＿＿ years old./ ＿＿＿＿＿＿ years old.

第二部分：朗讀句子、描述圖片

一、朗讀句子

在這部分測驗中，老師會先請考生看下面的圖片及描述圖片的三個句子：

老師說：

- Now,（考生名字）, please look at these sentences and this picture.（老師指向句子和圖片）These sentences describe the picture above. They are about a school cafeteria. Do you understand?
- First, just look at the sentences.（老師暫停 10-15 秒，讓考生看句子）
- Now, read the sentences aloud.（老師請考生唸出下列三個句子）

音軌 32　(1) This is a school cafeteria.
這是一間學校自助餐廳。

音軌 33　(2) Some students are having lunch.
有些學生正在吃午餐。

音軌 34　(3) A girl is throwing something in the trash can.
有一個女孩正把某物丟進垃圾桶。

字詞解釋：cafeteria〔ˌkæfəˈtɪrɪə〕n. 自助餐廳　　have〔hæv〕v. 吃　　throw〔θro〕v. 丟
trash〔træʃ〕n. 垃圾　　can〔kæn〕n. 罐子　　***trash can*** 垃圾桶

二、描述圖片

老師說：

- Now,（考生名字）, look at the picture again, and answer my questions.
（老師指向圖片）

(1)　音軌 35　What is the boy in the checkered shirt doing?
（老師指向圖中間穿格子襯衫的男孩）
題目問：穿格子襯衫的男孩正在做什麼？
音軌 35　例答：He is carrying a tray / walking toward the table.
（他正拿著拖盤 / 走向桌子。）
問的是正在進行的動作，因此用現在進行式回答。
in〔ɪn〕prep. 穿著　　checkered〔ˈtʃɛkəd〕adj. 方格花紋的
shirt〔ʃɜt〕n. 襯衫

(2) 🔊 音軌 36 What is the girl in the yellow sweater doing?

（老師指向圖左下方穿黃色毛衣的女孩）

題目問： 這位穿黃色毛衣的女孩在做什麼？

🔊 音軌 36 例答： She is comforting her friend / talking to her friend.

（她正在安慰她的朋友 / 和她的朋友講話。）

yellow〔ˋjɛlo〕*adj.* 黃色的　　comfort〔ˋkʌmfɚt〕*v.* 安慰

sweater〔ˋswɛtɚ〕*n.* 毛衣

(3) 🔊 音軌 37 Who is crying?（老師指向圖左下方正在哭泣的女孩）

題目問： 誰在哭？

🔊 音軌 37 例答： The girl in the pink T-shirt.（穿粉紅色 T 恤的女孩。）

The girl in the striped pants.（穿條紋長褲的女孩。）

cry〔kraɪ〕*v.* 哭　　pink〔pɪŋk〕*adj.* 粉紅色的

striped〔straɪpt〕*adj.* 有條紋的　　pants〔pænts〕*n. pl.* 長褲

第三部分：看圖說話

老師說：

- In this part, you are going to tell a story based on these pictures.
  （老師給考生看以上的圖片）

- These pictures show three people at an ice cream shop. First, look at the four pictures.（老師暫停 10 秒，讓考生看圖）

- Are you ready?（待考生準備好，老師再繼續講）

- I will talk about picture 1. Then, you talk about pictures 2, 3, and 4.
  （老師分別指向第 2、3、4 號圖片）

- （老師指著第 1 張圖說）Jeff offers to take Jane and Jenny for ice cream. Do you understand?
  （待考生回應，老師再繼續講）

- Now, please talk about pictures 2, 3, and 4.
  （老師指著第 2 張圖，示意考生開始）

圖 2：

音軌 38 例答：They arrive in front of the ice cream shop.
（他們到了一家冰淇淋店前面。）

想想看：關於圖 2，還有哪些可以說的呢？
The boy points at the ice cream shop.
（男孩手指著冰淇淋店。）
The girls look happy.
（女孩們看起來很高興。）
They find an ice cream shop.
（他們找到一間冰淇淋店。）
in front of 在…前面　　***point at*** 指著

圖 3：

音軌 39 例答：They sit and enjoy their ice cream.
（他們坐下來享用冰淇淋。）

想想看：關於圖 3，還有哪些可以說的呢？
The boy has vanilla ice cream.
（男孩吃的是香草冰淇淋。）

The girl in a yellow blouse has strawberry-flavored ice cream.

（穿黃色襯衫的女孩吃草莓口味的冰淇淋。）

The girl in a blue polka-dotted blouse has mango-flavored ice cream.

（穿藍色圓點襯衫的女孩吃芒果口味的冰淇淋。）

vanilla（vəˈnɪlə）*n.* 香草

flavored（ˈflævəd）*adj.* ⋯味道的；⋯口味的

blouse（blaʊs）*n.* 女用上衣；女襯衫

strawberry（ˈstrɔˌbɛrɪ）*n.* 草莓

polka-dotted（ˈpolkə ˈdɑtɪd）*adj.* 圓點花樣的

mango（ˈmæŋgo）*n.* 芒果

圖 4：

🔊 音軌 40 例答：Jane and Jenny thank Jeff for the ice cream and leave the shop.

（珍和珍妮感謝傑夫帶他們來吃冰淇淋，並離開商店。）

想想看：關於圖 4，還有哪些可以說的呢？

Jane and Jenny feel hungry.（珍和珍妮覺得餓。）

Jane and Jenny want to eat hamburgers.

（珍和珍妮想要吃漢堡。）

Jane and Jenny say goodbye to Jeff.

（珍和珍妮跟傑夫告別。）

hungry（ˈhʌŋgrɪ）*adj.* 飢餓的

hamburger（ˈhæmbɝgɚ）*n.* 漢堡

第四部分：回答問題

在這部分中，老師會針對生活相關主題（如 school），問考生三個問題。（如果沒有馬上聽懂問題也別緊張，老師再問一次後，再清楚回答。）

老師說：

● Now，（考生名字），let's talk about **you**.

(1) 🔊 音軌 41 Do you like ice cream?
　　　題目問： 你喜歡冰淇淋嗎？

🔊 音軌 41 例答： Yes, I do./ Yes, I like to eat ice cream in summer.
　　　　　　　（是的，我喜歡。／是的，我喜歡在夏天吃冰淇淋。）

　　　想想看： 不同口味的冰淇淋
　　　　　　　香草口味的　　vanilla-flavored
　　　　　　　草莓口味的　　strawberry-flavored
　　　　　　　巧克力口味的　chocolate-flavored
　　　　　　　vanilla〔vəˋnɪlə〕n. 香草

(2) 🔊 音軌 42 How often do you eat ice cream?
　　　題目問： 你多久吃一次冰淇淋？

🔊 音軌 42 例答： Once a week.（一週一次。）

　　　想想看： 次數可以怎麼說呢？
　　　　　　　兩次　twice / two times　　好幾次　several times
　　　　　　　三次　three times

(3) 🔊 音軌 43 What about other snacks?
　　　題目問： 那其他的點心如何呢？

🔊 音軌 43 例答： I like cheesecake.（我喜歡起司蛋糕。）

　　　想想看： 你會台式甜點嗎？
　　　　　　　I like tofu pudding.（我喜歡豆花。）
　　　　　　　I prefer fried salty chicken.（我偏好鹽酥雞。）
　　　　　　　I am crazy about shaved ice.（我熱愛剉冰。）
　　　　　　　tofu〔toˋfu〕n. 豆腐　　pudding〔ˋpudɪŋ〕n. 布丁
　　　　　　　tofu pudding 豆花　　prefer〔prɪˋfɝ〕v. 比較喜歡
　　　　　　　salty〔ˋsɔltɪ〕adj. 含鹽的　　fried〔fraɪd〕adj. 炸的
　　　　　　　fried salty chicken 鹽酥雞　　crazy〔ˋkrezɪ〕adj. 瘋狂的
　　　　　　　be crazy about 很喜歡　　shave〔ʃev〕v. 削下（一片）
　　　　　　　shaved ice 剉冰

TEST 2

第一部分：是非題（第 1-5 題）

 溫馨提示

- 這部分每題你將會聽到 1 個短句。
- 看到圖片時，可以想想圖片中的物品英文怎麼說，這樣能讓你更快速準確作答。
- 題目播出時，請仔細聽，再看圖片是不是和聽到的句子相同。若相同請選 Y（代表 Yes），若不同請選 N（代表 No）。

例題：

你會聽到：The water is boiling.

請看圖片。正確答案是 Y。你答對了嗎？

1.

 音軌 47

錄音內容： Kyle is reading a book.

答案： Y

字詞解釋： Kyle〔kaɪl〕n. 凱爾　　read〔rid〕v. 閱讀

說明： 凱爾正在讀一本書。

2.

🔊 音軌 48

錄音內容： Olivia is laughing.

答案： N

字詞解釋： Olivia〔oˋlɪvɪə〕*n.* 奧莉薇亞　　laugh〔læf〕*v.* 笑

說明： 奧莉薇亞正在笑。

圖片中的人物不是在笑，眼睛旁邊有「眼淚」tear〔tɪr〕，

可能是在「哭」cry〔kraɪ〕。

3.

🔊 音軌 49

錄音內容： The boys are fighting.

答案： Y

字詞解釋： fight〔faɪt〕*v.* 打架

說明： 男孩們正在打架。

4.

🔊 音軌 50

錄音內容： This is a tree.

答案： Y

字詞解釋： tree〔tri〕*n.* 樹

說明： 這是一棵樹。

圖片中就是一棵樹。

5.

🔊 音軌 51

錄音內容： This is an air conditioner.

答案： N

字詞解釋： air〔ɛr〕*n.* 空氣

conditioner〔kən'dɪʃənə〕*n.* 調節器　　*air conditioner* 冷氣機

說明： 這是一台冷氣機。

圖片中是「電風扇」*electric fan*，

因此答案為 N。

Learning

第二部分：是非題（第6-11題）

 溫 馨 提 示

- 在這部分，你會先看到一張圖片，然後每題會聽到一個簡易的短句，包含日常生活及學校用語。
- 請判斷聽到的句子與圖片的內容是不是相同，然後選 Y（相同）或 N（不同）。
- 平常練習時，除了熟悉日常生活物品、行為的發音外，也要加強練習各種介系詞，in、on、under、next to 等字詞，說明相對的位置。

例題：

你會聽到：The boys have short hair.

圖中的男孩是短髮。正確答案是 Y。你答對了嗎？

6.

🔊 音軌 53

錄音內容： They are eating fast food.

答案：　　 Y

字詞解釋：eat〔it〕v. 吃　　***fast food*** 速食

說明：　　 他們正在吃速食。

圖片中有「薯條」***french fries***，有「漢堡」hamburger〔ˈhæmbɝgɚ〕和「飲料」drink〔drɪŋk〕，所以正確答案是 Y。

7.

 音軌 54

錄音內容： They are in the city.

答案： Y

字詞解釋： city〔ˈsɪtɪ〕n. 城市

說明： 他們在城市裡。

圖片中的背景，從「窗戶」window〔ˈwɪndo〕看出去有高大的「建築物」building〔ˈbɪldɪŋ〕，而且他們待「在室內」indoors〔ˈɪnˈdorz〕。

8.

 音軌 55

錄音內容： The boy wearing glasses is happy with his burger.

答案： Y

字詞解釋： wear〔wɛr〕v. 戴　　glasses〔ˈglæsɪz〕n. pl. 眼鏡

happy〔ˈhæpɪ〕adj. 快樂的；滿意的

be happy with 對…感到滿意

burger〔ˈbɝgɚ〕n. 漢堡（= *hamburger*）

說明： 戴眼鏡的男孩對他的漢堡感到滿意。

圖片中，戴眼鏡的男孩身旁畫有愛心，臉上帶著笑容，可見他一定吃得很開心。

9.

 音軌 56

錄音內容： The boy wearing glasses is unhappy with his soup.

答案： N

字詞解釋： unhappy〔ʌnˈhæpɪ〕adj. 不高興的；不滿意的

soup〔sup〕n. 湯

說明： 戴眼鏡的男孩對他的湯不滿意。

圖片中戴眼鏡的男孩在喝飲料，不是喝湯。

10.

🔊 音軌 57

錄音內容： Neither has French fries.

答案： N

字詞解釋： neither〔'niðə〕pron. 兩者皆不…
French fries 薯條

說明： 兩個人都沒有吃薯條。
圖片中有兩包薯條。

11.

🔊 音軌 58

錄音內容： The boy in the green shirt is sipping from his drink.

答案： Y

字詞解釋： green〔grin〕adj. 綠色的　　shirt〔ʃɜt〕n. 襯衫
sip〔sɪp〕v. 啜飲

說明： 穿綠色襯衫的男孩正在小口地喝他的飲料。
圖片中穿綠色襯衫的男孩正在用「吸管」straw〔strɔ〕喝飲料。

第三部分：配合題（第 12-18 題）

 溫馨提示

- 在這部分，每題你將會聽到 1 段敘述。請仔細聽每題描述的圖片。
- 測驗重點是聽懂 7 段簡短敘述中，有關人物、動作和地點的關鍵字。
- 你可以先很快地看一遍每張圖片，預測可能會聽到的單字，包括人、事、物、動作、地點等。當聽到每題的關鍵字時，就可以快速找到正確的圖片。

A.

B.

C.

D.

E.

F.

G.

H.

I.

例題：Richard went for his annual health check. They had him
step on a scale to check his weight.

正確答案是 I。你答對了嗎？

12.

音軌 60

錄音內容： Ms. Smith is sweeping the floor. She is wearing an apron.

答案： C

字詞解釋： Ms.〔mɪz〕n. …女士　　sweep〔swip〕v. 掃
floor〔flor〕n. 地板　　wear〔wɛr〕v. 穿
apron〔'eprən〕n. 圍裙

說明： 史密斯女士正在掃地。她正穿著一件圍裙。
這段錄音中，聽到了 sweeping the floor 和 apron，
可見是在描述穿圍裙掃地的人，所以正確答案是圖 C。

13.

音軌 61

錄音內容： Ted is fishing by himself. He hasn't caught
anything yet.

答案： F

字詞解釋： fish〔fɪʃ〕v. 釣魚　　*by oneself* 獨自
catch〔kætʃ〕v. 捕捉　　anything〔'ɛnɪ,θɪŋ〕pron. 任何東西
not yet 尚未；還沒

說明： 泰德獨自在釣魚。他還沒釣到任何東西。
這段錄音中，聽到了關鍵字 fishing 和 by himself，所以描述的圖片是 F。

14.

音軌 62

錄音內容： Jack is feeding his dog. He's also wearing green pants.

答案： H

字詞解釋： feed〔fid〕v. 餵食　　pants〔pænts〕n. pl. 褲子

說明： 傑克正在餵他的狗。他也穿著綠色褲子。
這段錄音中，聽到了關鍵字 feeding his dog 和 green pants，
找到了傑克穿綠色褲子，正在餵狗的圖，所以答案是 H。

15.

音軌 63

錄音內容： Polly is having lunch.　She is seated at the table.

答案： A

字詞解釋： Polly〔'pɑlɪ〕n. 波麗　　have〔hæv〕v. 吃

lunch〔lʌntʃ〕n. 午餐　　seat〔sit〕v. 使就座

be seated 坐　　***at the table*** 在餐桌前

說明： 波麗正在吃午餐。她坐在餐桌前。

這段錄音中，聽到了關鍵字 lunch 和 table，所以描述的圖片是 A。

16.

音軌 64

錄音內容： Susie and Danny want to cross the street.

The crossing guard has told them to wait.

答案： B

字詞解釋： Susie〔'suzɪ〕n. 蘇西　　Danny〔'dænɪ〕n. 丹尼

want〔wɑnt〕v. 想要　　cross〔krɔs〕v. 橫越

street〔strit〕n. 街道　　crossing〔'krɔsɪŋ〕n. 十字路口

guard〔gɑrd〕n. 守衛；警衛　　tell〔tɛl〕v. 告訴

wait〔wet〕v. 等待

說明： 蘇西和丹尼想要越過街道。十字路口的警衛告訴他們要等一下。

聽到了是蘇西和丹尼兩個人想要越過街道，又聽到了 crossing guard，

所以可以找到描述的圖片是 B。

17.

🔊 音軌 65	
錄音內容：	Ms. Taylor is vacuuming the carpet. She's only using one hand.
答案：	D
字詞解釋：	vacuum〔'vækjuəm〕v. 用吸塵器打掃
	carpet〔'kɑrpɪt〕n. 地毯　　use〔juz〕v. 使用
說明：	泰勒女士正在用吸塵器清理地毯。她只有用一隻手。
	聽到了關鍵字 vacuuming the carpet，又聽到 one hand，
	所以正確答案是圖 D。

18.

🔊 音軌 66	
錄音內容：	Kim is playing fetch with her dog. The dog is trying to get the stick.
答案：	G
字詞解釋：	fetch〔fɛtʃ〕n. 取來；拿來；（獵犬）把獵物取回的遊戲
	try〔traɪ〕v. 嘗試　　get〔gɛt〕v. 得到
	stick〔stɪk〕n. 棍；棒
說明：	金正在和她的狗玩把獵物取回的遊戲。狗正在試著得到棍棒。
	聽到了關鍵字 playing fetch，得知是和狗玩的遊戲，
	找到了描述和狗玩的圖片是 G。

第四部分：選擇題（第 19-25 題）

 溫 馨 提 示

- 這部分每題你將會聽到 1 段主題熟悉、簡短的日常生活會話。
- 每段對話開始前，你會先同時聽到與看到 1 個題目，仔細了解題目問的是 why、who、what、where、when、還是 how，然後從對話中聽懂關鍵字，即可找出答案。

例題：

你會先聽到及看到：

    Where are the speakers?

    A. At school.

    B. At a bus stop.

    C. At a gym.

然後你會聽到：

Boy :	How long have you been waiting for the bus?
Girl :	About 15 minutes.
Boy :	I thought the Downtown Express was supposed to run every five to seven minutes?
Girl :	Only during rush hour. Other times it runs every 20 minutes.

正確答案是 B. At a bus stop. 你答對了嗎？

19.

 音軌 68

Woman : Jack, would you like to go
      swimming?

  女：傑克，你想要去游泳嗎？

Man : I would, but I don't know how to swim.

  男：我想，但是我不知道怎麼游泳。

Woman : I could try to teach you.

  女：我可以試著教你。

Man : I've tried before. It's too hard.

  男：我之前就已經試過了。游泳太困難了。

試題冊

Why can't Jack go swimming?

為什麼傑克不會去游泳？

A. He has a cold.

  他感冒了。

B. He doesn't know how.

  <u>他不知道怎麼游泳。</u>

C. He is afraid of water.

  他怕水。

答案： B

字詞解釋： ***would like*** 想要　　swim〔swɪm〕*v.* 游泳

go swimming 去游泳　　know〔no〕*v.* 知道

teach〔titʃ〕*v.* 教　　hard〔hɑrd〕*adj.* 困難的

cold〔kold〕*n.* 感冒　　***be afraid of*** 害怕

說明： 題目問：為什麼傑克不會去游泳？關鍵字在傑克說他不知道怎麼游泳，

也要聽得懂雖然傑克之前有試過，但還是覺得游泳太難了，因此答案是 B。

20.

音軌 69	試題冊
Man：Did you get a haircut, Marcy?	What did Marcy do?
男：瑪西，妳去剪頭髮了嗎？	瑪西做了什麼？
Woman：I did. What do you think?	A. She went on vacation.
女：我剪了。你認為如何？	她去渡假。
Man：It's very short, but it looks good on you.	B. She got a haircut.
男：剪得非常短，但是妳這個髮型好看。	她去剪了頭髮。
Woman：Thanks. I was worried it might be too short. Short hair on a woman makes her look fat.	C. She put on some weight. 她增加了一些體重。
女：謝謝。我本來擔心可能剪得太短。短髮讓一位女士看起來肥胖。	

答案： B

字詞解釋： haircut〔'hɛr,kʌt〕*n.* 剪髮；理髮　　think〔θɪŋk〕*v.* 認為

short〔ʃɔrt〕*adj.* 短的　　look〔lʊk〕*v.* 看起來

worried〔'wɝɪd〕*adj.* 擔心的　　make〔mek〕*v.* 使得

fat〔fæt〕*adj.* 肥胖的　　vacation〔ve'keʃən〕*n.* 假期

go on vacation 去渡假　　***put on*** 增加

weight〔wet〕*n.* 體重

說明： 題目問：瑪西做了什麼？關鍵字在男士的第一個問句。

男士問女士是不是去剪頭髮，女士回答說有去剪，

並且問男士認為髮型如何？因此正確答案是 B。

21.

音軌 70 Woman：Where are you going, Frank? 　女：法蘭克，你要去哪裡？ Man：To meet Joe at the park. We're going to 　　　play basketball. 　男：去公園和喬碰面。我們要去打籃球。 Woman：Have you finished your homework? 　女：你的功課寫完了嗎？ Man：I've finished my math exercises, but I still 　　　need to write my book report. It's not due 　　　until next week though. 　男：我寫完數學習題了，但是我還要寫讀書心得 　　　報告。不過，那是到下週才要交。	試題冊 Where is Frank going? 法蘭克要去哪裡？ A. To school. 　去學校。 B. To the park. 　去公園。 C. To Joe's house. 　去喬的家。

答案：　　　B

字詞解釋：meet〔mit〕v. 和~會面　　park〔pɑrk〕n. 公園

basketball〔'bæskɪt,bɔl〕n. 籃球　　finish〔'fɪnɪʃ〕v. 完成

homework〔'hom,wɝk〕n. 功課；家庭作業

math〔mæθ〕n. 數學（= mathematics）

exercise〔'ɛksɚ,saɪz〕n. 練習題

still〔stɪl〕adv. 還；仍　　need〔nid〕v. 需要

write〔raɪt〕v. 寫　　report〔rɪ'port〕n. 報告

due〔dju〕adj. 到期的　　until〔ən'tɪl〕prep. 直到

not…until~ 直到~才…　　next〔nɛkst〕adj. 下一個的

though〔ðo〕adv. 不過；可是

說明：　　題目問：法蘭克要去哪裡？關鍵字就在法蘭克的第一個回答。

他說要去公園和喬碰面，為的是去打籃球，所以正確答案是 B。

22.

🔊 音軌 71

Man : Hi, Mom. It's Peter. Can you bring my science textbook to school? I left it in the kitchen.

男：嗨，媽咪。我是彼得。妳可以帶我的自然科學課本到學校嗎？我把它留在廚房了。

Woman : OK... but hang on a minute. It's not in the kitchen.

女：好的⋯但是先不要掛電話。它不在廚房裡。

Man : Are you sure? Maybe it's in my bedroom.

男：妳確定嗎？它或許在我的房間。

Woman : No, it's not there, either. In fact, I remember seeing you put it in your backpack this morning.

女：不，它也沒在那裡。事實上，今天早上我記得有看到你把它放進背包裡。

Man : Oh, that's right! Here it is! Thanks, Mom.

男：噢，對啊！找到了！謝謝媽咪。

試題冊

Where is Peter's science textbook?

彼得的自然科學課本在哪裡？

A. In the kitchen.
　　在廚房裡。
B. In his bedroom.
　　在他的房間裡。
C. In his backpack.
　　在他的背包裡。

答案：　　C

字詞解釋：bring〔brɪŋ〕v. 帶　　science〔'saɪəns〕n. 科學；自然科學

textbook〔'tɛkst,bʊk〕n. 教科書；課本

left〔lɛft〕v. 遺留【leave 的過去式】　　kitchen〔'kɪtʃən〕n. 廚房

hang on（電話）不掛斷　　minute〔'mɪnɪt〕n. 分鐘

a minute 一分鐘；一會兒　　sure〔ʃʊr〕adj. 確定的

maybe〔'mebɪ〕adv. 或許　　bedroom〔'bɛd,rum〕n. 臥房

either〔'iðɚ , 'aɪðɚ〕adv. 也（不）　　***in fact*** 事實上

remember〔rɪ'mɛmbɚ〕v. 記得　　see〔si〕v. 看見　　put〔pʊt〕v. 放

backpack〔'bæk,pæk〕n. 背包　　***That's right***. 對啊；是的。

Here it is! 它在這裡！

說明：　　題目問：彼得的自然科學課本在哪裡？這題要將對話聽到最後，才能知道自然科學課本不在廚房，也不在房間，而是在彼得的背包裡，因此答案是 C。

23.

🔊 音軌 72	試題冊
Woman : After lunch, our next class is history.	Which class will they have next?
女：午餐過後，我們下一堂課是歷史。	他們接下來會有什麼課？
Man : No, Professor Chang is absent today. So history class is cancelled.	A. History.
男：不，張教授今天不在。所以歷史課取消。	歷史。
Woman : Then what's our next class?	B. PE.
女：那麼我們下一堂課是什麼？	體育。
Man : Chinese.	C. Chinese.
男：中文。	中文。
Woman : But I didn't bring my exercise book today.	
女：但是我今天沒有帶我的習題本。	
Man : It's not a problem. Mr. Fang said we won't be using our exercise books today.	
男：這不是問題。方老師說我們今天不會用到習題本。	

答案： C

字詞解釋： class〔klæs〕n. 課　　history〔'hɪstrɪ〕n. 歷史

professor〔prə'fɛsɚ〕n. 教授

absent〔'æbsn̩t〕adj. 不在的；缺席的

cancel〔'kænsl̩〕v. 取消　　Chinese〔tʃaɪ'niz〕n. 中文

next〔nɛkst〕adj. 下一個　adv. 接下來

problem〔'prɑbləm〕n. 問題

Mr.〔'mɪstɚ〕n. …先生；…老師

PE 體育（= *physical education*）

說明： 題目問：接下來的課是什麼？關鍵字在張教授今天不在，所以歷史課取消，聽到後面才會知道接下來的課是中文，所以答案選 C。

24.

 音軌 73

Man : Did you see the new Star Battle movie yet, Cindy?

男：辛蒂，妳已經看過新的星球戰役電影了嗎？

Woman : No, I haven't. My dad said he will take me to see it this weekend.

女：不，我還沒看。我爸爸說這個週末會帶我去看。

Man : Oh, you will like it.

男：噢，妳會喜歡的。

Woman : Have you seen the movie already, Steve?

女：史帝夫，你已經看過這部電影了嗎？

試題冊
Who will take Cindy to see the movie?
誰會帶辛蒂去看電影？
A. Her dad.
   她爸爸。
B. Her mom.
   她媽媽。
C. Steve.
   史帝夫。

答案： A

字詞解釋： star〔stɑr〕n. 星球　　battle〔'bætl〕n. 戰役

movie〔'muvɪ〕n. 電影

yet〔jɛt〕adv.（用於疑問句）已經　　Cindy〔'sɪndɪ〕n. 辛蒂

weekend〔'wik'ɛnd〕n. 週末

oh〔o〕interj.（表示驚訝、恐懼、痛苦等）噢；啊

already〔ɔl'rɛdɪ〕adv. 已經　　Steve〔stiv〕n. 史帝夫

說明：　　題目問：誰會帶辛蒂去看電影？關鍵字在第二句，辛蒂提到她爸爸會帶她去看，所以答案選 A。

電影的種類有：

comedy〔'kɑmədɪ〕n. 喜劇　　*romantic comedy* 愛情喜劇片

documentary〔ˌdɑkjə'mɛntərɪ〕n. 紀錄片

thriller〔'θrɪlɚ〕n. 驚悚片　　*action movie* 動作片

horror movie 恐怖片　　*animated movie* 動畫片

anime〔'ænɪme〕n. 日本動畫片【來自日文】

trailer〔'trelɚ〕n. 預告片　　short〔ʃort〕n. 短片

science fiction movie 科幻片（= *sci-fi movie*）

blockbuster〔'blɑkˌbʌstɚ〕n. 巨片；轟動一時的電影

25.

音軌 74	試題冊
Woman : Why are you still in bed, Mike? It's 7:30.	Why is Mike still in bed?
女：麥可，為什麼你還在床上？七點三十分了。	為什麼麥可還在床上？
Man : I don't feel well, Mom.	A. There's no school today. 今天不用上學。
男：媽，我覺得不舒服。	B. He didn't hear his alarm. 他沒聽到鬧鐘。
Woman : What's wrong? Do you have a fever?	C. He doesn't feel well. 他覺得不舒服。
女：怎麼了？你有發燒嗎？	
Man : My stomach is upset and I get dizzy when I try to stand up.	
男：我的胃不舒服，而且當我試著要站起來的時候，我會頭暈。	
Woman : OK. Stay in bed. I'm going to call a doctor.	
女：好的。待在床上。我要去打電話給醫生。	

答案： C

字詞解釋： bed〔bɛd〕*n.* 床　　**in bed** 在床上

feel〔fil〕*v.* 覺得　　well〔wɛl〕*adj.* 健康的

wrong〔rɔŋ〕*adj.* 情況不好的　　**What's wrong?** 怎麼了？

fever〔'fivɚ〕*n.* 發燒　　stomach〔'stʌmək〕*n.* 胃

upset〔ʌp'sɛt〕*adj.* 不舒服的

dizzy〔'dɪzɪ〕*adj.* 頭暈的；暈眩的

stay〔ste〕*v.* 待；停留　　doctor〔'dɑktɚ〕*n.* 醫生

alarm〔ə'lɑrm〕*n.* 鬧鐘（= *alarm clock*）

說明： 題目問：為什麼麥可還在床上？關鍵字在第二句，麥可說他不舒服，所以答案選 C。

第一部分：是非題（第 1-20 題）

 溫馨提示

- 在這部分測驗，要判斷句子的描述與圖片的內容是不是一樣。
- 作答時先仔細了解圖片提供的資訊，例如物品、人物、顏色、動作、數字、時間、地點等，看是否與圖片一致，再作答。（下面的 Y 代表 Yes，N 代表 No。）

例題：

例 1：This is a pair of sneakers.
例 2：They are blue and white.
兩題的正確答案都是 Y。你答對了嗎？

第 1-2 題

1. He is sitting on a chair.

2. He is standing near a window.

答案：　　　1. N　　2. Y
字詞解釋：　1. sit〔sɪt〕v. 坐
　　　　　　2. near〔nɪr〕prep. 在…附近　　window〔'wɪndo〕n. 窗戶
說明：　　　1. 他正坐在一張椅子上。
　　　　　　　這題考的是動作，圖中的人物是站著，所以答案是 N。
　　　　　　2. 他正站在窗戶附近。
　　　　　　　這題考的是地點動作，圖中的人物站在窗戶旁邊，所以答案是 Y。

第 3-4 題

3. They are at an airport.

4. They are on an airplane.

答案： 3. Y 4. N

字詞解釋： 3. airport (ˈɛrˌport) *n.* 機場

4. airplane (ˈɛrˌplen) *n.* 飛機

說明： 3. 他們在機場。

這題考的是地點，圖中的人物手持「護照」passport (ˈpæsˌport)，並且有帶「行李」luggage (ˈlʌgɪdʒ)，所以答案是 Y。

4. 他們在飛機上。

這題考的是地點，圖中的人物沒有在飛機上，所以答案是 N。

第 5-6 題

5. One girl has green hair.

6. One girl has blond hair.

答案： 5. Y 6. Y

字詞解釋： 5. hair (hɛr) *n.* 頭髮

6. blond (blɑnd) *adj.* (頭髮) 金黃色的

說明： 5. 一位女孩有綠色頭髮。

這題考的是頭髮的顏色，圖中左邊的女孩人是綠髮，所以答案是 Y。

6. 一位女孩有金色頭髮。

這題考的是頭髮的顏色，圖中右邊的女孩是金髮，所以答案是 Y。

第 7-8 題

7. They are holding hands.

8. They are studying.

答案： 7. N 8. Y

字詞解釋： 7. hold〔hold〕v. 握

8. study〔'stʌdɪ〕v. 讀書

說明： 7. 他們正在握著手。

這題考的是動作，圖中的兩個人沒有握著手，和句子的描述不相符，所以答案是 Y。

8. 他們在讀書。

這題考的是人物動作，圖中兩人正在讀書，和句子的描述相符，所以答案是 Y。

第 9-10 題

9. The girls are wearing skirts.

10. The boys are wearing hats.

答案： 9. Y 10. N

字詞解釋： 9. skirt〔skɝt〕n. 裙子

10. hat〔hæt〕n. 帽子

說明： 9. 女孩們穿著裙子。

這題考的是穿著，圖中的兩個女孩都有穿裙子，所以答案是 Y。

10. 男孩們戴著帽子。

這題考的是穿著，圖中的兩個男孩都沒有戴帽子，所以答案是 N。

第 11-12 題

11. Laura loves fast food.

12. Laura is exercising.

答案：	11. Y　　12. N
字詞解釋：	11. love (lʌv) v. 喜愛　　***fast food*** 速食
	12. exercise (ˈɛksə‚saɪz) v. 運動
說明：	11. 蘿拉喜愛速食。
	圖中蘿拉表現出開心的神情，圖中也有速食的符號，可以得知
	蘿拉喜歡速食，所以答案是 Y。
	12. 蘿拉正在運動。
	圖中蘿拉站著，並沒有做動作，可見不是在運動，所以答案是 N。

第 13-16 題

13. They are indoors.
14. The girl is behind the tree.
15. One boy is holding a net.
16. They are fishing.

答案：	13. N　　14. Y　　15. Y　　16. N
字詞解釋：	13. indoors (ˈɪnˈdorz) adv. 在室內
	14. behind (bɪˈhaɪnd) prep. 在…後面
	15. hold (hold) v. 握著；拿著　　net (nɛt) n. 網子
	16. fish (fɪʃ) v. 釣魚

說明： 這四題考的是在戶外的活動和位置的說法。
13. 他們在室內。
圖中的小朋友們在野外，有樹和草地，所以答案是 N。
14. 女孩在樹後面。
圖中女孩站在樹的後面，所以答案是 Y。
15. 一位男孩正握著一個網子。
中間的男孩手上握著網子，和句子描述相符，所以答案是 Y。
16. 他們正在釣魚。
圖中三個人都沒有在釣魚，和句子描述不符，因此答案是 N。

第 17-20 題

17. They are at the beach.
18. They are playing a game.
19. One boy is digging in the sand.
20. The girl is leaning against the surfboard.

答案： 17. Y　18. N　19. Y　20. Y

字詞解釋： 17. beach〔bitʃ〕n. 海灘　　18. game〔gem〕n. 遊戲
19. dig〔dɪg〕v. 挖　　sand〔sænd〕n. 沙子
20. lean〔lin〕v. 倚靠　　***lean against*** 靠著
surfboard〔'sɝf,bord〕n. 衝浪板

說明： 17. 他們在海邊。
這題考的是地點，圖中的人物穿著泳衣、泳褲，也有衝浪板，可見這裡是海灘，答案是 Y。
18. 他們正在玩遊戲。
圖中三人各自在做自己的動作，和句子描述的不符，所以答案是 N。
19. 一位男孩正在挖沙。
圖中右邊的男孩手中拿著叉子，沙灘上也有個洞，可見男孩正在挖沙，和句子描述的相符，所以答案是 Y。
20. 女孩正靠著衝浪板。
圖中左邊的女孩兩手騰空，背靠著衝浪板，和句子的描述相同，因此答案是 Y。

第二部分：短文填空（第 21-25 題）

 溫 馨 提 示

- 在這部分測驗中，你可先看圖片並很快地閱讀整篇短文的內容，來了解文章大意，並從三個選項中找出最適合的字詞。
- 平時閱讀文章時，加強訓練，可以多注意字詞的搭配關係，像是「動詞＋名詞」（如 keep a diary）。

(In a bookstore.)

Shelly: Excuse me. Do you ___（例題）___ dictionaries?

 Clerk: Of course.

Shelly: ___(21)___ are they?

 Clerk: Please come with me.

(In front of the dictionaries.)

> 📖 excuse me　請問
> dictionary　字典
> kind　種類
> mainly　主要地

 Clerk: What kind of dictionary do you need?

Shelly: A picture English dictionary ___(22)___ my little sister. She is learning English in her school.

 Clerk: Here! We have five different picture dictionaries. You can take a look.

Shelly: ___(23)___ is most popular?

 Clerk: Both *Wonder Word Book* and *Smart Picture Dictionary* sell very well. *Wonder Word Book* is mainly for kids, so it doesn't have too ___(24)___ words.

Shelly: Okay, I will take Smart Picture Dictionary. I may use it ___(25)___ .

 Clerk: Good choice!

例題：A. show　　　　　B. have（正確答案）　　　　　C. keep

短文翻譯：

（在書店裡。）

雪莉：請問，你們有賣字典嗎？

店員：當然。

雪莉：它們放在哪？

店員：請跟我來。

（在字典前面。）

店員：妳需要哪種字典？

雪莉：要給我妹妹的一本圖解英文字典。她學校正在學英文。

店員：這裡！我們有五種不同的圖解字典。妳可以看一下。

雪莉：哪一本最受歡迎？

店員：《神奇字書》和《智慧圖解字典》都賣得很好。《神奇字書》主要是給小孩子的，所以它沒有太多字。

雪莉：好的，我要買《智慧圖解字典》。我可能有時候也會用。

店員：選得好！

字詞解釋： bookstore〔'bʊk,stor〕n. 書店；書局　　Shelly〔'ʃɛlɪ〕n. 雪莉
clerk〔klɝk〕n. 店員
Excuse me. （用於引起注意）對不起；請問。
dictionary〔'dɪkʃən,ɛrɪ〕n. 字典　　***Of course.*** 當然。
in front of 在…前面　　kind〔kaɪnd〕n. 種類
need〔nid〕v. 需要　　picture〔'pɪktʃɚ〕n. 圖畫
learn〔lɝn〕v. 學習　　different〔'dɪfərənt〕adj. 不同的
take a look 看一看　　popular〔'pɑpjələ〕adj. 受歡迎的
wonder〔'wʌndɚ〕n. 神奇；奇景
word〔wɝd〕n. 字；單字　　smart〔smɑrt〕adj. 聰明的
sell〔sɛl〕v. 賣出；出售　　mainly〔'menlɪ〕adv. 主要地
for〔for〕prep. 給；適合　　kid〔kɪd〕n. 小孩
okay〔'o'ke〕interj. 好的　　take〔tek〕v. 買
use〔juz〕v. 使用　　choice〔tʃɔɪs〕n. 選擇

21. __(21)__ are they?

A. What   B. Who   C. Where

答案：C

說明：這題考的是疑問詞，看上下文，應該是要問字典在 Where（哪裡）。

選項 B：what（什麼）

選項 C：who（誰），皆不符合句意。

22. A picture English dictionary __(22)__ my little sister.

A. for   B. at   C. to

答案：A

說明：這題考的是介系詞的用法，for *sb.* 表示「給某人」。

23. __(23)__ is the most popular?

A. Who   B. What   C. Which

答案：C

說明：這題考的是疑問詞。依句意，Which（哪一個）最受歡迎？
這裡不可以用 What（什麼），因為已經有可供選擇的字典，
what 是「沒有限定範圍」的事物。

24. *Wonder Word Book* is mainly for kids, so it doesn't have too __(24)__
words.

A. any   B. many   C. much

答案：B

說明：這題考的是「many + 可數名詞」，「much + 不可數名詞」的概念。
words 為複數可數名詞，故答案選 B。

選項 A：too 不可修飾 any。

25. I may use it __(25)__.

A. always   B. sometimes   C. usually

答案：A

說明：這題考的是頻率副詞，依照文意，may（可能）和 sometimes（有時
候）搭配，所以答案選 B。

選項 A：always「總是」。

選項 C：usually「通常」。

第三部分：閱讀理解（第 26-30 題）

 溫馨提示

- 這部分考的是理解各類型的短文（例如廣告文宣、簡短訊息、看板），並從中找到所需要的資訊（例如地點、時間、價格、理由等）。
- 練習閱讀短文時，可先判斷短文的種類（例如廣告文宣、簡短訊息、看板），然後利用所附的標題或插圖快速了解短文的大意和並預測內容。
- 實際考試時，若遇到不認識或不熟悉的單字，可以先跳過，以先了解文章大意為重點，也可以利用每篇文章旁邊標有 📖 的方塊，是用來表示不在「小學英檢」出現的常考字彙，或是較難的單字，並以此了解閱讀文章細節。

第 26-27 題

From	Huck@hotmail.com
To	Tom@yahoo.com
Subject	The Reunion

Dear Tom,

    How are you doing? I miss you very much. We have a reunion party at Amanda's Café at 2:00 p.m. this Sunday. Many old friends will come. By the way, Miss Chen, our favorite English teacher, will come, too. Can you come to join us? Please let me know you will come or not. Remember to call me before Wednesday. My telephone number is 2201-1234.

Your friend,
Huck Wang

來自　　Huck@hotmail.com
給　　　Tom@yahoo.com
主題　　同學會

親愛的湯姆：

　　你好嗎？我非常想念你。我們這個週日下午兩點，在阿曼達咖啡有個同學會派對。很多老朋友都會來。順帶一提，陳老師，我們最愛的英文老師，也會來。你要來加入我們嗎？請讓我知道你是否會來。記得在星期三以前打電話給我。我的電話號碼是 2201-1234。

你的朋友，
王哈克

字詞解釋：　Huck〔hʌk〕n. 哈克　　reunion〔ri'junjən〕n. 重聚；同學會
　　　　　　dear〔dɪr〕adj.（用於書信開頭）親愛的　　　miss〔mɪs〕v. 想念
　　　　　　party〔'pɑrtɪ〕n. 派對　　　Amanda〔ə'mændə〕n. 阿曼達
　　　　　　café〔kə'fe〕n. 咖啡店　　*p.m.* 下午（= *post meridiem*）
　　　　　　old friend 老朋友　　　*by the way* 順帶一提
　　　　　　Miss〔mɪs〕n. …小姐；…老師　　favorite〔'fevərɪt〕adj. 最喜愛的
　　　　　　join〔dʒɔɪn〕v. 加入　　　call〔kɔl〕v. 打電話給
　　　　　　telephone number 電話號碼

26. When is the reunion party?（同學會派對是什麼時候？）
　　A. On Wednesday afternoon.（在星期三下午。）
　　B. On Sunday evening.（在星期日晚上。）
　　C. On Sunday afternoon.（在星期日下午。）
　　答案：C
　　說明：本題問的是同學會派對是什麼時候（When）。
　　　　　關鍵字是 2:00 p.m. this Sunday，因此答案是 C。

27. Which one is true?（何者為真？）
　　A. Huck and Amanda are classmates.（哈克和阿曼達是同班同學。）
　　B. Amanda is Tom's student.（阿曼達是湯姆的學生。）
　　C. Miss Chen is Tom and Huck's teacher.（陳老師是湯姆和哈克的老師。）
　　答案：C
　　說明：本題是問真偽。關鍵字為 "Miss Chen, our favorite teacher."，
　　　　　因此答案是 C。

第 28-30 題

Here is an ad from Mama's Supermarket. Read the ad and answer the following questions.

Mama's Supermarket

Chicken Soup
~~NT$29 a can~~

Buy Two Get One Free!

Grape / Apple Juice
~~NT$49 a bottle~~

Buy Two Get One Free!

Banana / Orange
~~NT$299 a bag~~

NT$ 229

Black Tea
NT$399 a box

NT$ 329

📖 ad 廣告   grape 葡萄   save 節省

短文翻譯：

這裡是一張媽媽超市的廣告。閱讀這則廣告並回答以下的問題。

媽媽超市

雞 湯
台幣 29 元一罐

買 二
送 一

葡 萄 / 蘋果汁
台幣 49 元一瓶

買 二
送 一

香 蕉 / 柳 橙
台幣 299 元一包

台幣 229

紅 茶
台幣 399 元一盒

台幣 329

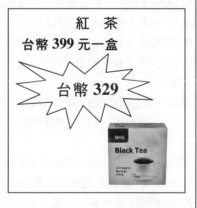

字詞解釋： ad〔æd〕 n. 廣告（= advertisement）
supermarket〔ˋsupɚˏmɑrkɪt〕 n. 超級市場
chicken〔ˋtʃɪkɪn〕 n. 雞　　soup〔sup〕 n. 湯
NT$ 新台幣（= New Taiwan Dollar）

can〔kæn〕*n.* 罐子；一罐的量　　free〔fri〕*adv.* 免費地

grape〔grep〕*n.* 葡萄　　apple〔'æpḷ〕*n.* 蘋果

juice〔dʒus〕*n.* 果汁　　bottle〔'batḷ〕*n.* 瓶子；一瓶的量

banana〔bə'nænə〕*n.* 香蕉　　orange〔'ɔrɪndʒ〕*n.* 柳橙

bag〔bæg〕*n.* 袋子；一袋的量　　box〔baks〕*n.* 箱；盒

black tea 紅茶

28. How much is a can of chicken soup at Mama's Supermarket?

（在媽媽超級市場，一罐雞湯多少錢？）

A. NT$29.（新台幣二十九元。）

B. NT$49.（新台幣四十九元。）

C. NT$229.（新台幣兩百二十九元。）

答案：A

說明：本題問的是一罐雞湯的價格，看左上的圖，答案是 A。

29. Jenny needs three bottles of apple juice.　How much are they at Mama's

Supermarket？（珍妮需要三瓶蘋果汁。在媽媽超級市場賣多少錢？）

A. NT$49.（新台幣四十九元。）

B. NT$58.（新台幣五十八元。）

C. NT$98.（新台幣九十八元。）

答案：C

說明：本題問的是蘋果汁的價格。關鍵字為：Buy Two Get One Free! 可以

判斷出，三瓶只要兩瓶價格，所以是 49 × 2 = 98。

30. Bill buys two boxes of black tea from Mama's Supermarket.　How much can

he save？（比爾從媽媽超級市場買了兩盒紅茶。他可以省下多少錢？）

A. NT$70.（新台幣七十元。）

B. NT$140.（新台幣一百四十元。）

C. NT$658.（新台幣六百五十八元。）

答案：B

說明：這題考的是「省下」多少錢，原本售價是 NT$399，特價是 NT$329，

一盒可以省下 399 – 329 = 70，兩盒就是 70 × 2 = 140，答案是 B。

save〔sev〕*v.* 節省

第四部分：填填看和短句問答（第 31-36 題）

 溫 馨 提 示

- 在這部分的測驗中，你要看懂短文後，依照提示，填入符合上下文意的字，並依據短文內容以短句回答問題。
- 測驗時要先詳細閱讀題目的中文說明，了解短文的背景之後，並配合圖片細讀內容。
- 填空時要填入完整的單字，注意拼字是否正確；回答問題時要寫完整的短句，寫完後記得檢查大小寫和標點符號。

作答說明：
這是出現在兒童健康雜誌上的兩封信。Wendy 寫信給專欄主編 Mr. Golden，得到了她的回信和建議。請依照圖和文章的內容完成這兩封信。注意：第 31-33 題每個空格只需要填一個完整單字。

Question

Dear Mr. Gordon,

I'm very (例題) **worried** about the exam. I (31) **s_____d** until two o'clock in the morning last night. I really tried my best and I hope I did well. Can you tell me my grade?

Sincerely,
Wendy

Answer

Dear Wendy,

(32) **R_____x!** You did fine on the test. Actually, you did better than fine. You got a (33) **p_____t** score. I'm very proud of you for studying so hard. As you can see, it paid off for you!

Regards,
Mr. Gordon

Question

親愛的戈登老師：

我非常擔心這個考試。我昨晚讀書到凌晨兩點。我真的盡全力了，我希望我考得好。你可以告訴我成績嗎？

溫蒂　敬上

Answer

親愛的溫蒂：

放輕鬆！妳考得很好。事實上，妳考得不只是好而已。妳考滿分。妳如此用功，我很以妳為榮。就如妳所看到的，這一切有了回報！

戈登老師　謹啟

字詞解釋： dear〔dɪr〕adj.（用於書信開頭）親愛的
Mr.〔ˈmɪstɚ〕n. …先生；…老師　　Gordon〔ˈɡɔrdn̩〕n. 戈登
worried〔ˈwɝɪd〕adj. 擔心的　　exam〔ɪgˈzæm〕n. 考試
study〔ˈstʌdɪ〕v. 讀書　　until〔ənˈtɪl〕prep. 直到
o'clock〔əˈklɑk〕n. …點鐘　　**try one's best** 盡力
hope〔hop〕v. 希望　　**do well** 考得好
grade〔ɡred〕n. 成績；分數
sincerely〔sɪnˈsɪrlɪ〕adv. 衷心地；【用於信件】…敬上
Wendy〔ˈwɛndɪ〕n. 溫蒂　　relax〔rɪˈlæks〕v. 放鬆
fine〔faɪn〕adv. 很好地　　actually〔ˈæktʃʊəlɪ〕adv. 實際上
better than 超過；不只是（= more than）
perfect〔ˈpɝfɪkt〕adj. 完美的　　score〔skor〕n. 分數
perfect score 滿分　　**be proud of** 以…為榮
hard〔hɑrd〕adv. 努力地　　**study hard** 用功
pay off 有回報；奏效　　regards〔rɪˈɡɑrdz〕n. pl.（用於信件）謹啟

31. I (31) s_____d until two o'clock in the morning last night.

說明： 從上一句的 "exam"，可以知道溫蒂要準備考試，所以可以推斷這裡
頭尾是 s_____d 的字是 <u>studied</u>。

32. **(32) R____x!** You did fine on the test.

說明： 看文意，知道戈登老師要學生不要緊張，所以這裡頭尾是 **R____x** 的字
是 <u>Relax</u>。

33. You got a **(33) p____t** score.

說明： 從上一句 "Actually, you did better than fine."，可以判斷出溫蒂考得非
常好，可知接下來頭尾是 **p____t** 的字是 <u>perfect</u>。

接下來，請根據上面兩封信的內容回答下面的問題。第 34-36 題請用句子回答。
例題：What is Mr. Gordon? <u>He is a teacher.</u>

34. How does Wendy feel?（溫蒂有什麼感覺？）

說明： 從她寫的信裡第一句得知：<u>She feels vey worried.</u>（她很擔心。）

35. What did Wendy do last night?（溫蒂昨晚做了什麼？）

說明： 看到了關鍵字 last night，可以知道：
<u>She studied until two o'clock in the morning last night.</u>
（她昨晚讀書讀到凌晨兩點。）

36. How did Wendy do on the exam?（溫蒂考試考得如何？）

說明： 看到了關鍵字 do，由戈登老師的回答，可以知道：
<u>She did fine on the exam.</u>（她考試考得很好。）

第五部分：重組句子（第 37-40 題）

溫馨提示

● 這部分要測驗的是你是否能寫出書寫格式與字詞順序正確的句子。
● 測驗時要仔細看題目，題目裡的每一個字詞都要用到，但不可以增加題目裡沒有的字，只需要把題目裡字詞的順序排列成合乎句意和文法的句子。
● 寫完要記得檢查，看看大小寫和標點符號是否正確。

例題：There / beautiful / some / flowers. / are
正確答案是 There are some beautiful flowers.

37. abroad? / Have you / ever / traveled

　　答案： Have you ever traveled abroad?
　　句型： S. + have + p.p.「現在完成式」，表示經驗。
　　說明： 問句中，助動詞 Have 放句首要大寫，ever 為頻率副詞，放助動詞後，一般動詞前，接下來是過去分詞 traveled，地方副詞放最後，記得加問號。

38. that? / eat / Are you / going to

　　答案： Are you going to eat that?
　　句型： 現在進行式：主詞 + Be 動詞 + V-ing（現在分詞）+ 受詞。
　　　　　 問句形式：Be 動詞 + 主詞 + V-ing（現在分詞）+ 受詞？
　　說明： 以 Be 動詞 Are 開頭，主詞是 you，接下來是現在分詞 V-ing：going to，後面接原形動詞 eat，最後放受詞 that，記得加問號。

39. kitchen. / dancing / Dave / is / in the

　　答案： Dave is dancing in the kitchen.
　　句型： 現在進行式：主詞 + Be 動詞 + V-ing + 地方副詞。
　　說明： 以主詞 Dave 開頭，加上 Be 動詞 is，接下來是現在分詞 V-ing：dancing，最後是地方副詞 in the kitchen。

40. exciting. / The / movie / was

　　答案： The movie was exciting.
　　句型： 主詞 + Be 動詞 + 主詞補語。
　　說明： 首先要先放定冠詞 The，後接各主詞 movie，接下來放 Be 動詞 was，最後放主詞補語 exciting，記得要打句點。

 各部分的準備

以下介紹「小學英檢」口說測驗各部分的進行方式，並提供例答及學習小提示。

第一部分：暖身、問候

老師：Good morning/afternoon. How are you today?（待考生回應，老師繼續說話）

老師：May I have your score sheet?（考生將評分單交給老師）

老師：Your number is _____.（老師唸出考生的號碼）

老師：My name is _____. What's your name?

考生：My name is _____.

老師：How old are you?

考生：I'm _____ years old./ _____ years old.

第二部分：朗讀句子、描述圖片

一、朗讀句子

在這部分測驗中，老師會先請考生看下面的圖片及描述圖片的三個句子：

老師說：

- Now,（考生名字）, please look at these sentences and this picture.（老師指向句子和圖片）These sentences describe the picture below. They are about a swimming pool. Do you understand?
- First, just look at the sentences.（老師暫停 10-15 秒，讓考生看句子）
- Now, read the sentences aloud.（老師請考生唸出下列三個句子）

音軌 75　(1) This is a public swimming pool.
　　　　　　這是一個公共游泳池。

音軌 76　(2) Some people are swimming in
　　　　　　the pool.
　　　　　　有些人在游泳池游泳。

音軌 77　(3) Jason is wearing a blue swimsuit.
　　　　　　傑森穿著一件藍色的泳裝。

字詞解釋：　public〔'pʌblɪk〕adj. 公共的　　pool〔pul〕n. 水池；游泳池
　　　　　　swimming pool 游泳池　　Jason〔'dʒesn̩〕n. 傑森
　　　　　　swimsuit〔'swɪm,sut〕n. 泳裝

二、描述圖片

老師說：

- Now,（考生名字）, look at the picture again, and answer my questions.
　（老師指向圖片）

(1) 音軌 78 What can you find beside the swimming pool?
　　　　　（老師指向游泳池旁邊的球或是游泳圈）
　　　　　題目問：你可以在游泳池旁邊發現什麼？
　　　音軌 78 例答：A ball. / A swim ring (swimming tube).
　　　　　（一顆球。/ 一個游泳圈。）

(2) 音軌 79　What is the boy in the gray swimsuit doing?

（老師指向圖右上方穿灰色泳裝的男孩）

題目問：穿灰色泳裝的男孩在做什麼？

 音軌 79　例答：He is sitting on the side of the pool.

（他正坐在游泳池的側邊。）

side〔saɪd〕n. 邊；側面

(3) 音軌 80　What is the girl in the pink swimsuit doing?

（老師指向圖左下方穿粉紅色泳裝的女孩）

題目問：穿著粉紅色泳裝的女孩正在做什麼？

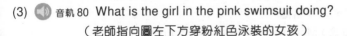 音軌 80　例答：She is stretching.（她正在做伸展運動。）

She is doing warm-up exercises.（她正在做熱身運動。）

stretch〔strɛtʃ〕v. 伸展　　warm-up〔ˈwɔrmˌʌp〕n. 暖身

exercise〔ˈɛksəˌsaɪz〕n. 運動

第三部分：看圖說話

Learning

老師說：

- In this part, you are going to tell a story based on these pictures.
  （老師給考生看以上的圖片）

- These pictures show a mother and two children, Tina and John. First, look at the four pictures.（老師暫停 10 秒，讓考生看圖）

- Are you ready?（待考生準備好，老師再繼續講）

- I will talk about picture 1. Then, you talk about pictures 2, 3, and 4.
  （老師分別指向第 2、3、4 號圖片）

- （老師指著第 1 張圖說）Mom went to work this morning.
  Do you understand?
  （待考生回應，老師再繼續講）

- Now, please talk about pictures 2, 3, and 4.
  （老師指著第 2 張圖，示意考生開始）

圖 2：

🔊 音軌 81 例答： Tina and John were playing ball in the house and they broke a window.

（蒂娜和約翰在家裡玩球，而且他們打破了窗戶的玻璃。）

想想看： 關於圖 2，還有哪些可以說的呢？
John threw a ball at Tina, but he missed.
（約翰向蒂娜丟球，但沒丟中。）
Tina didn't catch the ball.
（蒂娜沒有接到球。）
The window was broken by a ball.
（窗戶被球打破了。）
throw〔θro〕v. 丟【三態變化：throw-threw-thrown】
miss〔mɪs〕v. 錯過；沒打中　　catch〔kætʃ〕v. 接住
break〔brek〕v. 打破【三態變化：break-broke-broken】
window〔'wɪndo〕n. 窗戶

圖 3：

🔊 音軌 82 例答： They were very worried that Mom would be angry with them.
（他們很擔心媽媽會對他們很生氣。）

想想看：關於圖 3，還有哪些可以說的呢？

They felt afraid that Mom would be mad.

（他們害怕媽媽會很生氣。）

They were afraid of getting scolded by Mom.

（他們害怕被媽媽責罵。）

They were shaking with fear. （他們害怕得發抖。）

mad〔mæd〕*adj.* 生氣的　　　scold〔skold〕*v.* 責罵

shake〔ʃek〕*v.* 發抖　　fear〔fɪr〕*n.* 恐懼；害怕

with fear 害怕地

圖 4：

🔊 音軌 83 例答： They covered up the broken window with

a sign and Mom didn't notice.

（他們用個告示把破掉的窗戶遮住，而媽媽就沒注意到。）

想想看：關於圖 4，還有哪些可以說的呢？

They covered up the broken window before Mom came back.

（他們在媽媽回家前把破掉的窗戶遮住。）

When Mom came home, she didn't notice window was broken.

（當媽媽回到家時，她沒有注意到窗戶破了。）

They pretended nothing had happened.

（他們假裝沒有任何事情發生。）

cover up 完全覆蓋；遮住

sign〔saɪn〕*n.* 告示牌；標示

notice〔'notɪs〕*v.* 注意到

broken〔'brokən〕*adj.* 破掉的

pretend〔prɪ'tɛnd〕*v.* 假裝

happen〔'hæpən〕*v.* 發生

第四部分：回答問題

在這部分中，老師會針對生活相關主題（如 school），問考生三個問題。（如果沒有馬上聽懂問題也別緊張，老師再問一次後，再清楚回答。）

老師說：

- Now,（考生名字）, let's talk about **you**.

(1) 🔊 音軌 84 How many people are there in your family?
　　　題目問：你家裡有多少人？
🔊 音軌 84 例答：There are four people in my family, my parents, my sister, and I.（我家裡有四個人，我父母，我姐姐和我。）

　　　想想看：家庭成員的說法
　　　獨子　　only child　　　　兄弟姊妹　　sibling
　　　祖父母/外公外婆　　grandparents

(2) 🔊 音軌 85 How often does your family eat out?
　　　題目問：你們家人多久吃一次外食？
🔊 音軌 85 例答：Once a week.（一週一次。）

　　　想想看：還可以怎麼回答呢？
　　　一週兩次　　twice / two times a week
　　　很少吃外食　　We seldom eat out.
　　　我們只有在特殊場合才吃外食。
　　　We eat out only on special occasions.
　　　eat out 吃外食　　seldom（ˈsɛldəm）*adv.* 很少
　　　special（ˈspɛʃəl）*adj.* 特別的　　occasion（əˈkeʒən）*n.* 場合；時候

(3) 🔊 音軌 86 What do you and your family like to do together?
　　　題目問：你和你的家人喜歡一起做什麼事？
🔊 音軌 86 例答：We like to watch a movie together.
　　　　　　（我們喜歡一起看電影。）

　　　想想看：有什麼家人團聚的活動呢？
　　　We like to play sports together.（我們喜歡一起運動。）
　　　We like to go picnicking.（我們喜歡去野餐。）
　　　We like to take a trip abroad.（我們喜歡出國旅遊。）
　　　play sports 運動　　together（təˈgɛðɚ）*adv.* 一起
　　　picnic（ˈpɪknɪk）*v.* 野餐　　***take a trip*** 去旅行
　　　abroad（əˈbrɔd）*adv.* 到國外

TEST 3

第一部分：是非題（第 1-5 題）

 溫馨提示

- 這部分每題你將會聽到 1 個短句。
- 看到圖片時，可以想想圖片中的物品英文怎麼說，這樣能讓你更快速準確作答。
- 題目播出時，請仔細聽，再看圖片是不是和聽到的句子相同。若相同請選 Y
  （代表 Yes），若不同請選 N（代表 No）。

例題：

你會聽到：The water is boiling.

請看圖片。正確答案是 Y。你答對了嗎？

1.

 音軌 90

錄音內容： This is a sandwich.
答案： N
字詞解釋： sandwich〔'sændwɪtʃ〕*n.* 三明治
說明： 這是一個三明治。
錄音中聽到的內容是 This is a sandwich，而圖中看到的卻是 a bowl of
hot soup（一碗熱湯），因此答案爲 N。

2.

> 🔊 音軌 91
>
> 錄音內容： It's Billy's birthday.
>
> 答案： Y
>
> 字詞解釋： birthday〔'bɝθ͵de〕*n.* 生日
>
> 說明： 今天是比利的生日。
>
> 圖中的盒子像是過節時會收到的 present〔'prɛzn̩t〕*n.* 禮物，聽懂這題的關鍵字 birthday 就能答對了。

3.

> 🔊 音軌 92
>
> 錄音內容： Veronica is laughing.
>
> 答案： N
>
> 字詞解釋： Veronica〔və'rɒnɪk〕*n.* 薇若妮卡　　laugh〔læf〕*v.* 笑
>
> 說明： 薇若妮卡在笑。
>
> 這題考的是表達情緒用字的說法。錄音中聽到的是 laugh〔læf〕*v.* 笑，而圖中看到的卻是負面情緒，unhappy〔ʌn'hæpɪ〕*adj.* 不高興的，因此答案為 N。

4.

音軌 93

錄音內容： This is a bowl of soup.

答案： N

字詞解釋： bowl〔bol〕*n.* 碗　　soup〔sup〕*n.* 湯

說明： 這是一碗湯。

　　　　 錄音中聽到的是 soup〔sup〕*n.* 湯，而圖中看到的卻是一碗類似
　　　　 dessert〔dɪ'zɝt〕*n.* 甜點；餐後甜點之類的食物，因此答案為 N。

5.

音軌 94

錄音內容： This is a light bulb.

答案： N

字詞解釋： light〔laɪt〕*n.* 燈　　bulb〔bʌlb〕*n.* 燈泡

說明： 這是一顆燈泡。

　　　　 錄音中聽到的內容是 This is a light bulb. 而圖中看到的卻是一杯
　　　　 drink〔drɪŋk〕*n.* 飲料，因此答案為 N。

第二部分：是非題（第6-11題）

 溫馨提示

- 在這部分，你會先看到一張圖片，然後每題會聽到一個簡易的短句，包含日常生活及學校用語。
- 請判斷聽到的句子與圖片的內容是不是相同，然後選 Y（相同）或 N（不同）。
- 平常練習時，除了熟悉日常生活物品、行為的發音外，也要加強練習各種介系詞，in、on、under、next to 等字詞，說明相對的位置。

例題：

你會聽到：There are five people in the picture.

圖中六個人。正確答案是 N。你答對了嗎？

6.

音軌 96

錄音內容：　Some people are traveling.

答案：　　　Y

字詞解釋：　travel〔ˋtrævl〕v. 旅行

說明：　　　一些人正在旅行。

這題考的是動作。英語裡表達「去旅行」的相關詞語有：

make a journey　　journey〔ˋdʒɝnɪ〕n. 旅行；旅程

take a trip　　trip〔trɪp〕n. 旅行；航行

7.

音軌 97

錄音內容： It's a very hot day.

答案： N

字詞解釋： very〔'vɛrɪ〕adv. 非常；很

hot〔hɑt〕adj. 熱的（相反詞為 cold〔kold〕adj. 冷的）

說明： 天氣非常熱。

圖中有兩個人還穿長袖，可能還沒有到非常熱的程度，與錄音聽到的 very hot 的意思不符。英語裡可用來描述「天氣狀況」的詞語有：

sunny〔'sʌnɪ〕adj. 晴朗的　　cloudy〔'klaʊdɪ〕adj. 多雲的

windy〔'wɪndɪ〕adj. 風大的　　rainy〔'renɪ〕adj. 下雨的

8.

音軌 98

錄音內容： Oscar wishes he had remembered to bring a hat.

答案： Y

字詞解釋： wish〔wɪʃ〕v. 但願；真希望　　remember〔rɪ'mɛmbɚ〕v. 記得

bring〔brɪŋ〕v. 帶來　　hat〔hæt〕n. 帽子

說明： 奧斯卡真希望他記得帶一頂帽子。

當 wish 作「但願；真希望」解釋時，常用來表達事與願違。圖中的奧斯卡是沒有戴帽子的，而且想著一頂帽子，與錄音聽到的意思相符。

9.

音軌 99

錄音內容： All of the people are carrying baggage.

答案： N

字詞解釋： all〔ɔl〕adj. 所有的；全部的

carry〔'kærɪ〕v. 提著　　baggage〔'bægɪdʒ〕n. 行李（為不可數名詞，同義字是 luggage〔'lʌgɪdʒ〕）

說明： 所有的人都提著行李。

圖中有兩個人只是 carry bags（帶著包包），並沒有 carry baggage，與錄音聽到 All of the people 的意思不符。

10.

音軌 100

錄音內容： The boy with blond hair is wearing a purple sweater.

答案： Y

字詞解釋： blond〔blɑnd〕*adj.*（頭髮）金色的（也可拼成 blonde）

hair〔hɛr〕*n.* 頭髮

wear〔wɛr〕*v.* 穿著

purple〔'pɝpl̩〕*adj.* 紫色的

sweater〔'swɛtɚ〕*n.* 毛衣

說明： 有著金色頭髮的男孩穿著一件紫色的毛衣。

圖中的金髮男孩穿著紫色毛衣，與錄音聽到的內容相符。

英語裡用來描述「人的髮色」的詞語有：

brunet〔bru'nɛt〕*adj.*（人）有深褐色頭髮的（也可拼成 brunette）

red-headed〔'rɛd'hɛdɪd〕*adj.* 紅髮的

gray〔gre〕*adj.*（頭髮）灰白的

11.

音軌 101

錄音內容： The girl on the far right has a blue suitcase.

答案： Y

字詞解釋： far〔fɑr〕*adv.* 較遠地

right〔raɪt〕*n.* 右邊

blue〔blu〕*adj.* 藍色的

suitcase〔'sut,kes〕*n.* 小型旅行箱；手提箱

說明： 在較遠右邊的女孩有一只小型旅行箱。

圖中最右邊的女孩手拉著一只小箱子，與錄音聽到的內容相符。

第三部分：配合題（第 12-18 題）

 溫馨提示

- 在這部分，每題你將會聽到 1 段敘述。請仔細聽每題描述的圖片。
- 測驗重點是聽懂 7 段簡短敘述中，有關人物、動作和地點的關鍵字。
- 你可以先很快地看一遍每張圖片，預測可能會聽到的單字，包括人、事、物、動作、地點等。當聽到每題的關鍵字時，就可以快速找到正確的圖片。

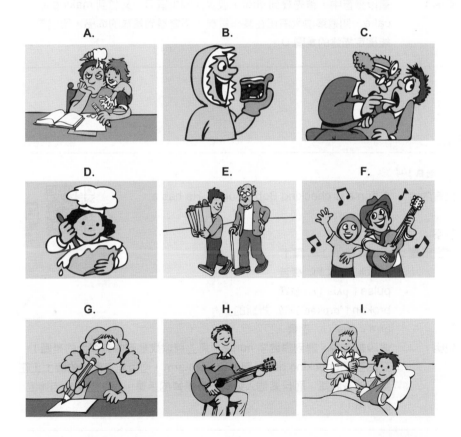

例題：John is trying to do his homework. But his little brother keeps bothering him.

正確答案是 A。你答對了嗎？

12.

音軌 103

錄音內容： Mr. Carter is a chef. He's making a cake now.

答案： D

字詞解釋： chef〔ʃɛf〕n.（餐館等的）主廚

make〔mek〕v. 做

cake〔kek〕n. 蛋糕

說明： 這段錄音中，首先聽到 chef，很快找到是圖 D，又聽到 making a cake，知道這位大廚正在製作蛋糕，不會看到蛋糕的成品，所以更能確定描述的是圖 D。

13.

音軌 104

錄音內容： A nurse is checking Bob's pulse. He has a broken arm.

答案： I

字詞解釋： nurse〔nɜs〕n. 護士

check〔tʃɛk〕v. 檢查

pulse〔pʌls〕n. 脈搏

broken〔'brokən〕adj. 折斷的

arm〔ɑrm〕n. 手臂

說明： 這段錄音中，聽到關鍵字 nurse，馬上可以找到圖中有護士的是圖 I。又聽到了 checking pulse 與 a broken arm，可以知道圖中的護士正在幫人檢查脈搏，而且這個人還有一隻斷掉的手臂，因此更確定描述的圖片是 I。

14.

 音軌 105

錄音內容： Eddie is helping an old man with his groceries.
　　　　　The old man is using a cane.

答案： E

字詞解釋： help〔hɛlp〕v. 幫助 < with >
　　　　　old〔old〕adj. 老的
　　　　　groceries〔'grosərɪz〕n. pl. 食品雜貨
　　　　　use〔jus〕v. 使用
　　　　　cane〔ken〕n. 拐杖

說明： 這段錄音中，聽到了關鍵字 old man 與 using a cane，很快找到
　　　　了一位使用拐杖、上了年紀的男子的圖，而且圖中另一個人拿著
　　　　一包物品，所以答案是圖 E。

15.

 音軌 106

錄音內容： Jack is wearing a winter coat. He's also eating
　　　　　a piece of pie.

答案： B

字詞解釋： winter〔'wɪntɚ〕n. 冬天
　　　　　coat〔kot〕n. 外套；大衣
　　　　　a piece of 一塊
　　　　　pie〔paɪ〕n. 派（酥殼有餡的餅）

說明： 這段錄音中，聽到了關鍵字 wearing a winter coat 與 eating a
　　　　piece of pie，大概可以知道一個穿著冬季大衣的人在吃派，所以
　　　　答案是圖 B。

16.

音軌 107

錄音內容： Roger and Mark are performing a song.
They are both wearing hats.

答案： F

字詞解釋： Roger〔ˋradʒɚ〕 n. 羅傑　　perform〔pɚˋfɔrm〕 v. 表演；演奏
song〔sɔŋ〕 n. 歌曲　　both〔boθ〕 adv. 兩者皆
wear〔wɛr〕 v. 穿；戴

說明： 聽到了 Roger and Mark 正在演出一首歌曲，而且他們兩個都 wearing
hats，就可以知道描述的圖片是 F。

17.

音軌 108

錄音內容： Darren is playing the guitar. He is sitting down.

答案： H

字詞解釋： Darren〔ˋdærən〕 n. 戴倫　　play〔ple〕 v. 彈奏
guitar〔gɪˋtɑr〕 n. 吉他　　*sit down* 坐下

說明： 這段錄音中，聽到了關鍵字 playing the guitar，可以找到有人在彈吉他
的是圖 F 與圖 H。接著又聽到 sitting down，可見在彈吉他的人是坐著
的，因此描述的圖片是 H。

18.

音軌 109

錄音內容： Jane is doing her homework. But she has a
question.

答案： G

字詞解釋： homework〔ˋhom͵wɝk〕 n. 家庭作業　　question〔ˋkwɛstʃən〕 n. 問題

說明： 第一句聽到了 doing homework，可能的圖片有 A 和 G，桌子上都有紙和
鉛筆。接著聽到 has a question（有疑問），知道圖中的人會是露出疑惑
的表情，而且主詞是 Jane（珍）和 she，是女生，所以描述的圖片是 G。

第四部分：選擇題（第 19-25 題）

 溫馨提示

- 這部分每題你將會聽到 1 段主題熟悉、簡短的日常生活會話。
- 每段對話開始前，你會先同時聽到與看到 1 個題目，仔細了解題目問的是 why、who、what、where、when、還是 how，然後從對話中聽懂關鍵字，即可找出答案。

例題：
你會先聽到及看到：

> Where are the speakers?
> A. At school.
> B. At a bus stop.
> C. At a gym.

然後你會聽到：

> Boy： How long have you been waiting for the bus?
> Girl： About 15 minutes.
> Boy： I thought the Downtown Express was supposed to run every five to seven minutes?
> Girl： Only during rush hour. Other times it runs every 20 minutes.

正確答案是 B. At a bus stop. 你答對了嗎？

19.

音軌 111 Woman：What do you want for dinner, James? 　女：你晚餐想要吃什麼，詹姆士？ Man：How about pizza? 　男：披薩如何？ Woman：But we had pizza for dinner last night. How about something else? 　女：但我們昨天晚上吃披薩了。其他的如何？ Man：OK, let's get some fried chicken from the shop on Main Street. 　男：好，那我們去主街上的那家店買些炸雞。 Woman：I'll call them and place our order now. 　女：我現在打給他們預訂餐點。	試題冊 What is the woman going to do? 女人將要做什麼？ A. Make dinner. 做晚餐 B. Take a nap. 小睡片刻。 C. Make a phone call. 　<u>打一通電話。</u>

答案： C

字詞解釋： want〔 wɑnt 〕v. 想要　　dinner〔'dɪnɚ 〕n. 晚餐

pizza〔'pitsə 〕n. 披薩　　have〔 hæv 〕v. 吃

how about ～如何　　else〔 ɛls 〕adj. 其他的

get〔 gɛt 〕v. 買　　fried〔 fraɪd 〕adj. 油炸的

chicken〔'tʃɪkɪn 〕n. 雞肉　　shop〔 ʃɑp 〕n. 商店

main〔 men 〕adj. 主要的　　call〔 kɔl 〕v. 打電話給～

place〔 ples 〕v. 開出（訂單）　　order〔'ɔrdɚ 〕n. 訂購；訂貨

place an order 訂購　　nap〔 næp 〕n. 小睡；午睡

take a nap 小睡片刻　　**make a phone call** 打一通電話

說明： 題目問：女人將要做什麼？要聽到正確的答案，除了聽懂食物的字彙之外，更要注意女人的回應。對話中男人提出晚餐吃披薩（How about pizza?）的提議被女人以昨天晚上已經吃過給否決了。接著，男人提議吃炸雞後，女人在對話中雖然沒有口頭明確地表示贊同晚餐吃炸雞這個提議，但她的行動卻很明顯（call them and place our order now），就是附議男人的提議，因此答案是C。

20.

🔊 音軌 112	試題冊
Man：I saw Kenneth at the gym this afternoon.	Where did the man see Kenneth?
男：我今天下午在健身房看到肯尼斯。	男人在哪裡看到肯尼斯？
Woman：Oh, you did? How is he?	A. At the gym. 在健身房。
女：哦，你看到他喔？他如何？	B. At school. 在學校。
Man：He's great. He's lost a lot of weight and looks very healthy.	C. At work. 在工作場合。
男：他棒極了。他瘦了很多，而且看起來很健康。	
Woman：I'm so happy to hear that.	
女：聽到這件事我很高興。	

答案： A

字詞解釋： Kenneth〔'kɛnɪθ 〕n. 肯尼斯　　gym〔 dʒɪm 〕n. 健身房；體育館

great〔 gret 〕adj. 很棒的

lose〔 luz 〕v. 減輕【三態變化為：lose-lost-lost】

a lot of 許多　　weight〔 wet 〕n. 重量；體重

healthy〔'hɛlθɪ 〕adj. 健康的　　hear〔 hɪr 〕v. 聽見

說明： 題目問：男人在哪裡看到肯尼斯？關鍵字就在地方，而在這對話中唯一
所提及的地點，就只有男人在一開頭就說到的 I saw Kenneth at the gym
this afternoon. 因此答案是 A。

21.

🔊 音軌 113 Girl : Tommy, has the mail arrived yet? 　女：湯米，郵件來了嗎？ Boy : Not yet, Lucy. Are you waiting on 　　　something? 　男：還沒，露西。妳正在等著什麼嗎？ Girl : Yes, my report card from school. 　女：是的，我學校的成績單。 Boy : Oh, that's coming next week. 　男：哦，那個要下禮拜到。 Girl : How do you know? 　女：你怎麼知道？ Boy : I remember when I was in junior high, 　　　report cards always came two weeks 　　　after the end of the semester. 　男：我記得我國中的時候，成績單總是在學期 　　　結束之後的兩週才寄到。	試題冊 What do we know about Tommy? 關於湯米，我們知道什麼？ A. He is older than Lucy. 　<u>他比露西年長。</u> B. He is younger than Lucy. 　他比露西年輕。 C. He is Lucy's classmate. 　他是露西的同班同學。

答案： A

字詞解釋： mail〔mel〕n. 郵件　　arrive〔əˋraɪv〕v. 到達；被送來
　　　　　not yet 尚未；還沒　　***wait on*** 等待
　　　　　report card 成績單　　remember〔rɪˋmɛmbɚ〕v. 記得
　　　　　junior high (***school***) 國中　　end〔ɛnd〕n. 結束
　　　　　semester〔səˋmɛstɚ〕n. 半學期　　classmate〔ˋklæs͵met〕n. 同班同學

說明： 題目問從對話的線索中，我們可以得知關於湯米什麼？要聽懂對話中所沒
有明顯的答案，除了聽懂對話中的字彙之外，更要注意的「時態」（I
remember when I was in junior high），湯米在和露西對話的「現在」記
得他「過去」國中時期所發生的事情。從這句關鍵句我們就可以知道收到
成績單這件事湯米比露西有經驗，所以推測最有可能的答案是 A，湯米的
年紀比露西大。

22.

🔊 音軌 114

Boy : Ms. Wang, I have a question about the final exam.

男：王老師，關於期末考試我有一個問題。

Woman : OK, Brian. Come see me after class and we can talk about it.

女：好的，布萊恩。下課後來找我，我們可以討論。

Boy : But I have band practice next period.

男：但我下節課有樂團練習。

Woman : I see. Why don't you come see me before class tomorrow?

女：我知道了。你何不明天上課之前來找我？

Boy : Can't I just ask you the question now? It won't take but a minute.

男：我不能現在就問妳問題嗎？這只要一分鐘。

試題冊

What does Brian want to do?
布萊恩想做什麼？

A. See Ms. Wang after class.
　下課後見王老師。

B. Skip band practice.
　略過樂團練習。

C. Ask Ms. Wang a question.
　問王老師一個問題。

答案： C

字詞解釋： Ms.〔 mɪz 〕n. …女士；…老師　　question〔'kwɛstʃən〕n. 問題
　　　　　final〔'faɪn̩〕adj. 最後的　　exam〔 ɪg'zæm 〕n. 考試
　　　　　final exam 期末考　　Brian〔'braɪən 〕n. 布萊恩
　　　　　come see me 來找我（= come and see me）
　　　　　after class 下課後　　**talk about** 談論
　　　　　band〔 bænd 〕n. 樂團　　practice〔'præktɪs 〕n. 練習
　　　　　period〔'pɪrɪəd 〕n.（上課的）節；堂　　**I see.** 我知道了。
　　　　　Why don't you~? 你何不~？　　take〔 tek 〕v. 需要；花費；佔用
　　　　　but〔 bʌt 〕adv. 只；僅僅；才　　minute〔'mɪnɪt 〕n. 分鐘
　　　　　It won't take but a minute. 這只要一分鐘。（= It will only take a minute.）
　　　　　skip〔 skɪp 〕v. 跳過；略過

說明： 題目問：布萊恩想做什麼？從對話一開始我們就知道布萊恩想要問關於期
　　　　末考的問題（have a question about the final exam），到對話的最後布
　　　　萊恩還是只想問問題（just ask the question），因此答案是 C。

23.

🔊 音軌 115

Girl : Where were you yesterday afternoon, Nick? We were supposed to meet in the cafeteria and talk about our science project.

女：你昨天下午在哪，尼克？我們應該要在自助餐廳見面，並且討論我們的科學計劃。

Boy : I'm sorry, Jill. Didn't Frankie give you my message?

男：對不起，吉兒。法蘭基沒有給妳我的留言嗎？

Girl : No, what message?

女：沒有，什麼留言？

Boy : I had a dentist's appointment yesterday afternoon, and I had forgotten all about it until my mom came to pick me up from school.

男：我昨天下午和牙醫有約而我忘了，直到我媽到學校接我，我才想起來。

試題冊

What was Frankie supposed to do for Nick?

法蘭基應該為尼克做什麼？

A. Take him to the dentist.
帶他去看牙醫。

B. Tell Lucy that he wouldn't meet her in the cafeteria.
<u>告訴露西他不會在自助餐廳和她見面。</u>

C. Talk to Lucy about their science project.
和露西討論他們的科學計劃。

答案： B

字詞解釋： Nick〔nɪk〕n. 尼克　　**be supposed to** 應該

meet〔mit〕v. 會面　　cafeteria〔͵kæfə'tɪrɪə〕n. 自助餐廳

science〔'saɪəns〕n. 科學　　project〔'prɑdʒɛkt〕n. 計畫；企劃

Jill〔dʒɪl〕n. 吉兒　　Frankie〔'fræŋkɪ〕n. 法蘭基

message〔'mɛsɪdʒ〕n. 留言　　dentist〔'dɛntɪst〕n. 牙醫

appointment〔ə'pɔɪntmənt〕n. 約會；約診

forget〔fɚ'gɛt〕v. 忘記　　until〔ən'tɪl〕conj. 到…為止

pick up 開車（接某人）

說明： 題目問：法蘭基應該為尼克做什麼？重點在聽 Nick 說他請 Frankie 做什麼，對話中只有一句話提到 Didn't Frankie give you my message? 而這句話後面 Nick 說明他無法和露西見面的原因就是回答這題的關鍵，所以選 B。

24.

 音軌 116

Boy : Aunt Janet, are you coming to my graduation party next weekend?

男：珍妮特阿姨，妳下週末要來我的畢業派對嗎？

Woman : Next weekend? Isn't the graduation ceremony this Saturday?

女：下週末？畢業典禮不是在這個星期六嗎？

Boy : Yes, but Dad will be out of town for work until Monday.

男：是，但是爸爸將要出城工作直到星期一。

Woman : Oh, that's too bad. He's going to miss seeing you graduate.

女：哦，那太可惜了。他將要錯過看到你畢業。

Boy : That's OK. It's no big deal. He'll be at the party, and that's the most important thing.

男：沒關係。不是什麼大不了的事。他將會參加派對，而且派對才是最重要的。

試題冊

When is the boy's graduation party?

男孩的畢業派對是什麼時候？

A. This weekend.
  這週末。
B. Next weekend.
  下週末。
C. On Monday.
  星期一。

答案： B

字詞解釋： aunt〔ænt〕n. 阿姨　　Janet〔'dʒænɪt〕n. 珍妮特
graduation〔ˌɡrædʒʊ'eʃən〕n. 畢業　　party〔'pɑrtɪ〕n. 派對
weekend〔'wik'ɛnd〕n. 週末　　ceremony〔'sɛrəˌmonɪ〕n. 典禮
town〔taʊn〕n. 城鎮　　***out of town*** 出城
until〔ən'tɪl〕prep. 直到　　***too bad*** 遺憾的（用以表示同情）
miss〔mɪs〕v. 錯過　　graduate〔'ɡrædʒʊˌet〕v. 畢業
big deal 至關重要的大事；了不起的事情
It's no big deal. 沒什麼大不了的。
important〔ɪm'pɔrtn̩t〕adj. 重要的

說明： 題目問：男孩的畢業派對是什麼時候？要聽的就是時間或者日期，如 next weekend（下週末）、this Saturday（這星期六）、Monday（星期一）。而與關鍵字詞 graduation party（畢業派對）有連結到的日期就是下週末，所以答案要選 B。

25.

 音軌 117

Woman : Hi, Donald. Did you forget something?

　女：嗨，唐納德，你是不是忘記什麼了？

Boy : I think I left my math textbook on my desk.

　男：我想我把我的數學課本留在我的書桌上了。

Woman : Is this it? (shows him the book) I found it on the floor.

　女：是這個嗎？〔給他看課本〕我在地上撿到的。

Boy : Yes, that's mine! Thank you so much!

　男：是，那是我的！非常謝謝妳！

Woman : You should write your name in all your textbooks, Donald. I was just about to take it to the lost and found. Anyone could say it was theirs.

　女：你應該在你所有的課本裡寫你的名字，唐納德。我差一點把它拿去失物招領處。任何人都可以說那是他們的課本。

試題冊

What is the problem with Donald?

唐納德有什麼問題？

A. He threw away math textbook.

　他把他的數學課本丟掉。

B. He left his textbook at home.

　他把他的課本留在家裡。

C. He did not write his name on his math textbook.

　他沒有在他的數學課本上寫他的名字。

答案：　　C

字詞解釋：　Donald〔ˋdɑnəld〕n. 唐納德

　　　　　　leave〔liv〕v. 遺留【三態變化為：leave-left-left】

　　　　　　textbook〔ˋtɛkstˌbʊk〕n. 教科書；課本

　　　　　　desk〔dɛsk〕n. 書桌　　　show〔ʃo〕v. 給（某人）看

　　　　　　find〔faɪnd〕v. 找到；撿到　　　floor〔flor〕n. 地板

　　　　　　just about 幾乎　　　***lost and found*** 失物招領處

　　　　　　throw away 丟掉

說明：　　　題目問：唐納德有什麼問題？關鍵字是：You should write your name in all your textbooks. 代表唐納德沒有寫名字在數學課本上，所以選 C。

第一部分：是非題（第 1-20 題）

 溫 馨 提 示

● 在這部分測驗，要判斷句子的描述與圖片的內容是不是一樣。
● 作答時先仔細了解圖片提供的資訊，例如物品、人物、顏色、動作、數字、時間、地點等，看是否與圖片一致，再作答。（下面的 Y 代表 Yes，N 代表 No。）

例題：

例 1：This is a pair of sneakers.
例 2：They are blue and white.
兩題的正確答案都是 Y。你答對了嗎？

第 1-2 題

1. She is sitting at a desk.

2. She is typing a letter.

答案： 1. Y 2. N
字詞解釋： 1. sit〔 sɪt 〕v. 坐 **at a desk** 在書桌前
2. type〔 taɪp 〕v. 打字 letter〔'lɛtɚ〕n. 信
說明： 1. 她正坐在書桌前。
2. 她正在打一封信。 她在使用計算機（using a calculator）。
calculator〔'kælkjə,letɚ〕n. 計算機

第 3-4 題

3. The teacher is telling a story.

4. Four children are seated on the floor.

答案： 　3. Y　4. Y

字詞解釋： 　3. teacher（'titʃɚ）n. 老師　　tell（tɛl）v. 說　　story（'storɪ）n. 故事
　　　　　　4. children（'tʃɪldrən）n. pl. 孩童　　seat（sit）v. 使就座
　　　　　　　floor（flor）n. 地板

說明： 　3. 老師正在說故事。
　　　　　依照圖片，看起來像是在說故事，所以答案是 Y。
　　　　4. 有四個孩童坐在地板上。
　　　　　依照圖片，可以看到有四個孩童坐在地上，所以答案是 Y。

第 5-6 題

5. Matt has lost his wallet.

6. Matt is wearing a striped shirt.

答案： 　5. Y　6. Y

字詞解釋： 　5. lost（lɔst）v. 遺失【lose 的過去分詞】　　wallet（'wɑlɪt）n. 皮夾
　　　　　　6. wear（wɛr）v. 穿著　　striped（straɪpt）adj. 有條紋的
　　　　　　　shirt（ʃɜt）n. 襯衫

說明： 　5. 這題考的是個人物品的名稱，圖中的男孩摸了他的口袋（pocket
　　　　　（'pɑkɪt）n.），表情疑惑在想他的錢包到哪裡去了，所以答案是 Y。
　　　　6. 這題考的是衣物圖案的名稱，圖中的男孩正穿著藍色條紋的（blue
　　　　　striped）衣服，所以答案是 Y。

第 **7-8** 題

7. The boys are hugging.

8. The boys are laughing.

答案： 7. N 8. N
字詞解釋： 7. hug〔hʌg〕v. 擁抱
8. laugh〔læf〕v. 笑
說明： 7. 男孩正在擁抱。
圖中的男孩沒有擁抱（hugging），與句意不符，所以答案是 N。
8. 男孩正在笑。。
圖中的男孩沒有笑，反而好像是生病的（sick），所以答案是 N。

第 **9-10** 題

9. Brendan is walking his dog.

10. The dog is on a leash.

答案： 9. Y 10. Y
字詞解釋： 9. ***walk a dog*** 遛狗
10. leash〔liʃ〕n.（拴狗等的）皮帶
說明： 9. 這題考的是人的動作，圖中是一個男孩牽著一隻狗站在馬路邊，很有可能是遛狗（walking his dog），所以答案是 Y。
10. 這題考的是狗的狀態，圖中的狗是有一條皮帶拴著的（on a leash），所以答案是 Y。

第 11-12 題

11. Tim is wearing a white sweater.

12. His mom is wearing a blue skirt.

答案： 11. N 12. N

字詞解釋： 11. white〔hwaɪt〕*adj.* 白色的 sweater〔'swɛtɚ〕*n.* 毛衣

12. blue〔blu〕*adj.* 藍色的 skirt〔skɝt〕*n.* 裙子

說明： 11. 提姆正穿著一件白色毛衣。,

圖中的男孩穿的是一件藍色襯衫和一件白色背心（a blue shirt and a white vest），並非一件白色毛衣（a white sweater），答案是 N。

12. 他媽媽穿著一間藍色的裙子。

圖中女人的裙子是粉紅色的（pink），句子中寫的卻是一件藍色的裙子（a blue skirt），所以答案是 N。

第 13-16 題

13. They are farmers.
14. They are watching television.
15. They are planting seeds.
16. They are outdoors.

答案： 13. Y 14. N 15. N 16. Y

字詞解釋： 13. farmer〔'farmɚ〕*n.* 農夫

14. television〔'tɛləˌvɪʒən〕*n.* 電視

15. plant〔plænt〕*v.* 種植 seed〔sid〕*n.* 種子

16. outdoors〔'aʊt'dorz〕*adv.* 在戶外

說明： 這四題考的是在戶外的活動狀態與名稱。

13. 他們是農夫。

　　　圖中的小朋友們在有藍天、有土壤的戶外，和農作物，所以答案是 Y。

14. 圖中並沒有電視，小朋友們也沒有看電視，所以答案是 N。

15. 他們在播種。

　　　圖中有一位小朋友手裡拿著鏟子（shovel〔ˋʃʌvl〕n. 鏟子；鐵鍬）
　　　在鏟土，其他三個手上都拿著農產品，像是在做採收
　　　（harvest〔ˋhɑrvɪst〕n. 收割）的動作，所以答案是 N。

16. 他們在戶外。

第 17-20 題

17. The boy is in bed.

18. The man is reading a book.

19. There is a clock on the wall.

20. There is a lamp on the nightstand.

答案： 17. N　18. N　19. N　20. Y

字詞解釋： 18. *in bed* 在床上

18. read〔rid〕v. 閱讀

19. clock〔klɑk〕n. 時鐘　　wall〔wɔl〕n. 牆壁

20. lamp〔læmp〕n. 燈　　nightstand〔ˋnaɪtˌstænd〕n. 床頭櫃

說明： 這四題考的是室內活動和物品的名稱。

17. 男孩躺在床上。

18. 男士正在閱讀一本書。

　　　圖裡面沒有男士，也沒有人在月讀書，所以答案是 N。

19. 牆上有一個時鐘。

　　　圖裡面沒有時鐘，所以答案是 N。

20. 床頭櫃上有一盞燈床。

　　　圖片裡面還有：sheet〔ʃit〕n. 床單；被單

　　　pillow〔ˋpɪlo〕n. 枕頭

第二部分：短文填空（第 21-25 題）

 溫 馨 提 示

● 在這部分測驗中，你可先看圖片並很快地閱讀整篇短文的內容，來了解文章大意，並從三個選項中找出最適合的字詞。

● 平時閱讀文章時，加強訓練，可以多注意字詞的搭配關係，像是「動詞 + 名詞」（如 keep a diary）。

A loud noise from next door woke me up. I looked at my ＿（例題）＿. It was 7 o'clock. "What's the noise? Are Mr. and Mrs. Jones having a ＿(21)＿ again?" I thought. "But that doesn't sound like Mr. Jones. Who's that man?" About half an hour later, I heard Mrs. Jones ＿(22)＿ for help. I put on my clothes and ran to their house. I didn't knock on the door. I just stood at the door. I could tell that the man was angry because he shouted many times! I heard him say, "Tell Kevin he will be in trouble if he ＿(23)＿ my money back tomorrow before 10 o'clock." I was scared then. "What if the man has ＿(24)＿? Should I just call the police?" I thought. When I ＿(25)＿ about what to do, my cell phone rang…

例題：A. wall   B. bed   C. watch（正確答案）

短文翻譯：一陣從隔壁來的吵雜聲音把我叫醒。我看了我的手錶。現在是七點。「這是什麼聲音？瓊斯先生和太太又在吵架了嗎？」我心想。「但是這聽起來不像瓊斯先生。那個男人是誰？」大約半個小時後，我聽見瓊斯太太喊救命。我穿上衣服，然後跑去他們家。我沒有敲門。我只是站在門口。我可以分辨出那個人男人很生氣，因為他大吼了很多次！我聽見他說：「告訴凱文他會有麻煩，如果他明天十點以前不把我的錢還來的話。」我那時候很害怕。「如果那個男人有刀子該怎麼辦？我應該直接打給警察嗎？」我心想。當我正在思考要怎麼做時，我的手機響了…

字詞解釋： loud〔laud〕adj. 大聲的；吵雜的 　　noise〔nɔɪz〕n. 噪音
next door 隔壁 　　**wake sb. up** 把某人叫醒
look at 看著 　　fight〔faɪt〕n. 爭吵
sound〔saund〕v. 聽起來 　　half〔hæf〕adj. …的一半的
later〔'letɚ〕adv. 之後 　　cry〔kraɪ〕v. 呼喊；大叫
cry for help 大叫救命 　　**put on** 穿上
clothes〔kloz〕n. pl. 衣服 　　knock〔nɑk〕v. 敲
at the door 在門口 　　tell〔tɛl〕v. 知道；分辨
angry〔'æŋgrɪ〕adj. 生氣的 　　shout〔ʃaut〕v. 吼叫
time〔taɪm〕n. 次數 　　**in trouble** 有麻煩
scared〔skɛrd〕adj. 害怕的 　　**what if…** 如果…該怎麼辦
knife〔naɪf〕n. 刀子 　　**the police** 警方
call the police 打電話報警 　　**cellphone** 手機
ring〔rɪŋ〕v. 鈴響【三態變化：ring-rang-rung】

21. Are Mr. and Mrs. Jones having a ___(21)___ again?

A. fight 　　　　B. meeting 　　　　C. barbecue

答案：A

說明： 這題考的是文意。根據上下文，將文中主角一大早被吵雜的聲音
吵醒，最有可能是 fight 爭吵，而不是 meeting〔'mitɪŋ〕n. 會議
或 barbecue〔'bɑrbɪˌkju〕n. 烤肉，所以答案選 A。

22. I heard Mrs. Jones ___(22)___ for help.

A. to cry 　　　　B. was crying 　　　　C. crying

答案：C

說明：這題是考感官動詞 hear，感官動詞後可加原形動詞（表主動）或現在
分詞（強調動作正在進行），故答案為現在分詞 crying（聽見 Mrs.
Jones 正在喊救命），選 C。

23. Tell Kevin he will be in trouble if he ___(23)___ my money back tomorrow
before 10 o'clock.

A. doesn't give　　　　B. won't give　　　　C. didn't give

答案：A

說明：這題考的是在 if 引導表「條件」的副詞子句中，須用現在式代替未來
式，所以選 A。

24. What if the man has a ___(24)___ ?

A. some butter　　　　B. a fork　　　　C. a knife

答案：C

說明：這題考的是前後文意。從主角前面提到的討價情節，加上後面他感到非
常害怕，可以推斷他擔心那位男士可能手裡有 a knife（一把刀子），
而不是 some butter（一些奶油）或 a fork（一把叉子），所以選 C。

25. When I ___(25)___ about what to do, my cell phone rang...

A. think　　　　B. was thinking　　　　C. thought

答案：B

說明：這題考的是過去兩個動作同時發生時的時態應用。當一件事情 (A) 發生
在另一件事情 (B) 已經發生一段時間的時候，(A) 用過去簡單式，(B)
用過去進行式。這一題中，主角在思考要怎麼做的時候（持續了一段時
間），手機響了（後來才發生的），故為 was thinking，也可以從 rang
（過去簡單式）反推出答案，所以答案選 B。

 溫馨提示

● 這部分考的是理解各類型的短文（例如廣告文宣、簡短訊息、看板），並從中找到所需要的資訊（例如地點、時間、價格、理由等）。

● 練習閱讀短文時，可先判斷短文的種類（例如廣告文宣、簡短訊息、看板），然後利用所附的標題或插圖快速了解短文的大意和並預測內容。

● 實際考試時，若遇到不認識或不熟悉的單字，可以先跳過，以先了解文章大意為重點，也可以利用每篇文章旁邊標有 📖 的方塊，是用來表示不在「小學英檢」出現的常考字彙，或是較難的單字，並以此了解閱讀文章細節。

第 26-27 題

Lots of people make friends on the Internet. Amy does, too. But she is careful about that. She uses a different name on the Internet. She doesn't tell her Internet friends about her home. She doesn't give them her home phone number, either. She gives a few Internet friends her cellphone number. Some people on the Internet are not nice. Amy knows that, too. She doesn't talk to those people at all.

Amy gets together with a few Internet friends. She meets them at restaurants and coffee shops. Those places are OK. There are lots of other people around.

📖 careful 小心的　　a few 一些

短文翻譯：

　　有許多人在網路上交朋友。愛咪也這麼做。但是她對於這件事很小心。她在網路上使用不同的名字。她不告訴網友關於她家的事情。她也不給他們家裡的電話。她給一些網友她的手機號碼。有一些網路上的人並不是好人。愛咪也知道。她完全不跟那些人說話。

　　愛咪會和一些網路上的朋友聚在一起。她和他們在餐廳和咖啡店碰面。那些地方是可以的。周圍有很多其他的人。

字詞解釋： **_lots of_** 很多（= a lot of）　　**_make friends_** 交朋友
　　　　　Internet〔ˈɪntɚˌnɛt〕n. 網際網路　　**_be careful about_** 對⋯很小心
　　　　　different〔ˈdɪfrənt〕adj. 不同的　　**_tell_** sb. **_about_** sth. 告訴某人某事
　　　　　either〔ˈiðɚ〕adv. 也（不）
　　　　　cellphone〔ˈsɛlˌfon〕n. 手機（= cell phone）
　　　　　nice〔naɪs〕adj. 好的　　**_not⋯at all_** 一點也不⋯
　　　　　get together with⋯ 和⋯聚在一起　　meet〔mit〕v. 和⋯會面
　　　　　restaurant〔ˈrɛstərənt〕n. 餐廳　　**_coffee shop_** 咖啡店
　　　　　OK〔ˈoˈke〕adj. 可以的；沒問題的　　around〔əˈraʊnd〕adv. 在周圍

26. What does Amy change（改變）on the Internet?
　　　（Amy 在網路上改變了什麼？）
　　　A. Her number.（她的號碼。）
　　　B. Her home.（她家。）
　　　C. Her name.（她的名字。）

　　　答案：C
　　　說明：本題問的是 Amy 在網路上改變了什麼。文中第四句就提到：She uses
　　　　　　a different name on the Internet.（她在網路上使用不同的名字。）可
　　　　　　知她在網路上改變的是她的名字，所以答案選 C。

27. What can a few of Amy's Internet friends do?
　　　（Amy 的一些網友可以做什麼？）
　　　A. They can call her.（他們可以打電話給她。）
　　　B. They can drive her home.（他們可以開車載她回家。）
　　　C. They can visit her home.（他們可以拜訪她家。）
　　　答案：A

說明：本題問的是 Amy 的網友可以做什麼。從文中可以得知，She doesn't tell her Internet friends about her home.（她不告訴網友關於她家的事情。）而且 She meets them at restaurants and coffee shops.（她在餐廳和咖啡廳和網友碰面。）可以知道網友無法載她回家也無法去她家拜訪。文中提到 She gives a few Internet friends her cellphone number.（她給一些網友她的手機號碼。）所以網友可以打給她，所以答案是 A。

第 28-30 題

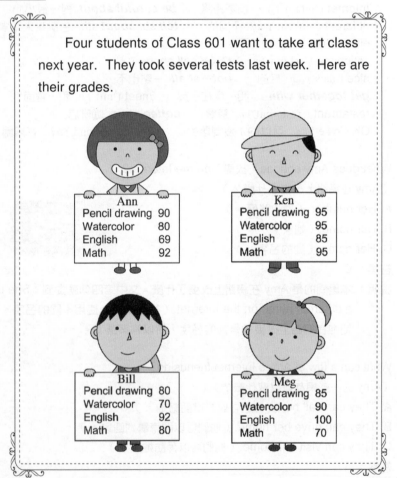

Four students of Class 601 want to take art class next year. They took several tests last week. Here are their grades.

Ann	
Pencil drawing	90
Watercolor	80
English	69
Math	92

Ken	
Pencil drawing	95
Watercolor	95
English	85
Math	95

Bill	
Pencil drawing	80
Watercolor	70
English	92
Math	80

Meg	
Pencil drawing	85
Watercolor	90
English	100
Math	70

短文翻譯：四位 601 班級的學生明年想要上美術課。他們上週參加了好幾項考試。以下是他們的成績。

字詞解釋： take〔tek〕*v.* 上（課）　　art〔ɑrt〕*n.* 藝術
　　　　　several〔'sɛvərəl〕*adj.* 好幾個
　　　　　grade〔gred〕*n.* 成績　　***pencil drawing*** 素描
　　　　　watercolor〔'wɑtəˌkʌlə〕*n.* 水彩　　math〔mæθ〕*n.* 數學

28. Those who want to go to the art class must get 70 or above in English and math, and get 80 or above in pencil drawing and watercolor. How many students aren't able to go to the art class?

（那些想要上美術課的人英文和數學一定要 70 分以上，並且在素描和水彩拿到 80 分以上。有幾位學生不能夠上美術課？）

A. Zero.（零個。）　　　B. One.（一個。）　　　C. Two.（兩個。）

答案：C

說明：本題問的是有幾個人不符合上美術課的條件。Bill 的水彩低於 80 分，Ann 的英文低於 70 分，所以共有兩個人不能上美術班。故答案為 C。
　　　zero〔'zɪro〕*n.* 零

29. Which is not true about the four students' written tests?
（關於四位學生的筆試，何者為非？）
A. Meg's English is the best.（Meg 的英文是最好的。）
B. Ken's math is the worst.（Ken 的數學是最差的。）
C. Meg needs to do more math exercise.（Meg 需要做更多數學練習。）
答案： B
說明： 本題問的是何者為非。Meg 的英文 100 分為最高分的，所以 A 是正
確的。她的數學 70 為所有人中最低分，所以需要多一點數學練習，
故 C 也是正確的。Ken 的數學 95 分，是所有人中最高分的，而不是最
差的，所以 B 是錯的，故選 B。

written〔'rɪtn̩〕*adj.* 書寫的　　***written test*** 筆試
worst〔wɜst〕*adj.* 最差的　　exercise〔'ɛksə,saɪz〕*n.* 練習

30. Here is what the teacher wrote to one of the students. Who is the student?
（這是老師寫給其中某一位學生的。請問誰是這位學生？）

> You did great in drawing. Don't be sad about your English. You're almost there. I'm sure you'll do better next time.

A. Ann.
B. Ken.
C. Bill.
答案： A
說明： 本題問的是誰是收到這張紙條的學生。老師的紙條中寫到：「你畫得很
好。不要對你的英文成績太難過。你幾乎快要成功了。我很確定你下次
會考得更好。」從紙條內容可以判斷出，老師是寫給因為英文沒有達到
標準，而無法上美術課的 Ann，所以答案是 A。

great〔gret〕*adv.* 很好地；很棒地
sad〔sæd〕*adj.* 難過的；傷心的
be almost there 差不多快要成功了
sure〔ʃur〕*adj.* 確定的　　do〔du〕*v.* 表現
do better 考得更好　　***next time*** 下一次

第四部分：填填看和短句問答（第 31-36 題）

 溫馨提示

- 在這部分的測驗中，你要看懂短文後，依照提示，填入符合上下文意的字，並依據短文內容以短句回答問題。
- 測驗時要先詳細閱讀題目的中文說明，了解短文的背景之後，並配合圖片細讀內容。
- 填空時要填入完整的單字，注意拼字是否正確；回答問題時要寫完整的短句，寫完後記得檢查大小寫和標點符號。

作答說明：
這是出現在兒童健康雜誌上的兩封信。Ya-Lin 寫信給專欄主編 Miss White，得到了她的回信和建議。請依照圖和文章的內容完成這兩封信。注意：第 31-33 題每個空格只需要填一個完整單字。

Question

Dear Ms. Liu,

（例題）**Christma**s is (31) **c_____g**. Many students have been studying hard all semester. Maybe we could use a break. I was wondering if we could have a party to celebrate the holiday?

Sincerely,
Paul

Answer

Dear Paul,

Of course we can have a Christmas party, Paul. I think that's a great idea! We can give each other (32) **g_____s** and I will bring something to eat and drink. We can also have a Christmas (33) **t_____e**. Would you be willing to help me decorate the classroom? Let me know.

Best,
Ms. Liu

Question

親愛的劉老師：

聖誕節即將來臨。許多學生整個學期都很用功讀書。也許我們需要休息一下。我在想我們是否能夠舉辦派對來慶祝這個節日？

保羅　敬上

Answer

親愛的保羅：

我們當然可以辦一個聖誕派對，保羅。我認爲這是一個很棒的點子！我們可以送禮物給彼此，而且我會帶一些吃的和喝的。我們也可以有一棵聖誕樹。你會願意幫我布置教室嗎？請讓我知道。

祝好，
劉老師

字詞解釋：　Christmas (ˋkrɪsməs) n. 聖誕節　　semester (səˋmɛstɚ) n. 學期
could use 想要；需要　　break (brek) n. 休息時間
wonder (ˋwʌndɚ) v. 想知道　　if (ɪf) conj. 是否
have a party 舉辦派對　　celebrate (ˋsɛlə,bret) v. 慶祝
holiday (ˋhɑle,de) n. 節日
sincerely (sɪnˋsɪrlɪ) adv. 眞誠地；【結尾敬語】…敬上
of course 當然　　great (gret) adj. 很棒的　　idea (aɪˋdiə) n. 點子
each other 彼此　　willing (ˋwɪlɪŋ) adj. 願意的
decorate (ˋdɛkə,ret) v. 裝飾　　classroom (ˋklæs,rum) n. 教室

31. Christmas is (31) c____g.

說明：這句一開頭就提到 Christmas，段落後面出現 have a party to celebrate（舉辦一個派對慶祝），可見聖誕節快到了，可推斷空格爲快來臨了 **coming**。

32. We can give each other **(32) g____s** and I will bring something to eat and drink.

說明：從前半句的 We can give each other...（我們可以給彼此…），加上從 Christmas party（聖誕派對）會進行的活動中可推測，應該是給彼此「禮物」，所以空格應該是 **gift** (gɪft)。

33. We can also have a Christmas **(33) t____e.**

說明：已知是與聖誕派對相關，加上下一句 Would you be willing to help me
decorate the classroom?（你願意幫我裝飾教室嗎？）與聖誕節有關
的裝飾品，再加上空格頭尾 **t____e** 可推斷是聖誕「樹」**tree**。

接下來，請根據上面兩封信的內容回答下面的問題。第 34-36 題請用句子回答。
例題：Where will the party be? <u>It will be in the classroom.</u>

34. Who is Paul?（誰是 Paul？）

說明：從他寫的信裡第二句：Many students have been studying hard all
semester.（許多學生整個學期都很用功讀書。）加上 Ms. Liu 的回信
中提到 Would you be willing to help me decorate the classroom?
（你願意幫我裝飾教室嗎？）可推斷出：<u>He is a student.</u>（他是一個
學生。）

35. What holiday is coming?（什麼節日快到了？）

說明：從 Paul 寫的信第一句就可以得知：<u>Christmas is coming.</u>（聖誕節
快到了。）

36. What does Paul ask Ms. Liu?（Paul 問了 Ms. Liu 什麼問題？）

說明：從 Paul 的信的最後一句：I was wondering if we could have a party
to celebrate the holiday?（我在想我們可不可以辦一個派對來慶祝這
個節日？）可以得知：<u>He asked Ms. Liu if they could have a party
to celebrate the holiday.</u>（他問劉老師他們是否可以辦一個派對慶祝
這個節日。）

第五部分：重組句子（第 37-40 題）

溫馨提示

- 這部分要測驗的是你是否能寫出書寫格式與字詞順序正確的句子。
- 測驗時要仔細看題目，題目裡的每一個字詞都要用到，但不可以增加題目裡沒有的字，只需要把題目裡字詞的順序排列成合乎句意和文法的句子。
- 寫完要記得檢查，看看大小寫和標點符號是否正確。

例題：There / beautiful / some / flowers. / are
正確答案是 <u>There are some beautiful flowers.</u>

37. book / on the desk / open. / The / is

> 答案：<u>The book on the desk is open.</u>
> 句型：主詞 +（做形容詞用的）介系詞片語 + be 動詞 + 形容詞。
> 說明：The book 是主詞，接著加上形容詞片語 on the desk，接著再接 be 動詞和形容詞 is open。

38. hands. / The boy / looking / is / at / his

> 答案：<u>The boy is looking at his hands.</u>
> 句型：主詞 + 動詞（現在進行式）+ 受詞。
> 說明：以主詞 The boy 開頭，動詞是現在進行式 is looking at，加上受詞 his hands。

39. before / to bed? / Do you / going / read / ever

> 答案：<u>Do you ever read before going to bed?</u>
> 句型：Do 問句 + 主詞 + 副詞（修飾動詞）+ 動詞 + 介系詞 + 動名詞片語？
> 說明：以助動詞 Do 開頭，接主詞 you 加上副詞 ever，再接動詞 read，然後接介系詞 before 引導的動名詞片語 going to bed。

40. weigh? / How / much / you / do

> 答案：<u>How much do you weigh?</u>
> 句型：How much 問句（問程度/多少）– How much + 助動詞 + 主詞 + 原形動詞？
> 說明：此句是 How much 開頭的疑問句，問體重，所以是 How much，接助動詞 do，再接主詞 you，最後面接原形動詞 weigh。

 各部分的準備

以下介紹「小學英檢」口說測驗各部分的進行方式，並提供例答及學習小提示。

第一部分：暖身、問候

老師：Good morning/afternoon. How are you today?（待考生回應，老師繼續說話）

老師：May I have your score sheet?（考生將評分單交給老師）

老師：Your number is _____.（老師唸出考生的號碼）

老師：My name is _____. What's your name?

考生：My name is _____.

老師：How old are you?

考生：I'm _____ years old./ _____ years old.

第二部分：朗讀句子、描述圖片

一、朗讀句子

在這部分測驗中，老師會先請考生看下面的圖片及描述圖片的三個句子：

老師說：

- Now,（考生名字）, please look at these sentences and this picture.（老師指向句子和圖片）These sentences describe the picture above. They are about a school cafeteria. Do you understand?
- First, just look at the sentences.（老師暫停 10-15 秒，讓考生看句子）
- Now, read the sentences aloud.（老師請考生唸出下列三個句子）

音軌 118   (1) Henry is having a yard sale.
亨利正在進行舊貨出售。

音軌 119   (2) He is selling the items he doesn't want
or use anymore.
他正在賣他不想要或再也不會用到的物品。

音軌 120   (3) He has set up a table in the front yard
of his house.
他在房子的前院設置了一張桌子。

字詞解釋： yard〔jɑrd〕 n. 院子   **yard sale** 舊貨出售（= *garage sale*）
sell〔sɛl〕 v. 賣   item〔'aɪtəm〕 n. 物品
not…anymore 不再…   **set up** 設置   front〔frʌnt〕 *adj.* 前面的

二、描述圖片

老師說：

- Now,（考生名字）, look at the picture again, and answer my questions.
（老師指向圖片）

(1) 音軌 121   Is Henry selling a baseball bat?（老師指向亨利販售的物品。）
題目問：亨利在賣一支棒球球棒嗎？
音軌 121   例答：No, he isn't.（不，他沒有。）
Be 動詞問句以 Yes/No 開頭的答句做回答。
bat〔bæt〕 n. 球棒

(2) 🔊 音軌122　What color is the woman's dress?
（老師指向圖中女士的洋裝。）
題目問：這位女士穿什麼顏色的洋裝？

🔊 音軌122　例答：It's purple.（紫色。）
dress〔drɛs〕 n. 洋裝　　purple〔'pɝpl〕 adj. 紫色的

(3) 🔊 音軌123　Where is Henry's left hand?（老師指向亨利的左手。）
題目問：亨利的左手在哪裡？

🔊 音軌123　例答：In his pocket.（在他的口袋裡。）
left〔lɛft〕 adj. 左邊的　　pocket〔'pɑkɪt〕 n. 口袋

第三部分：看圖說話

老師說：

- In this part, you are going to tell a story based on these pictures.
（老師給考生看以上的圖片）

- These pictures show what happened to John and Sam when they went hiking last Sunday.（老師暫停 10 秒，讓考生看圖）

- Are you ready?（待考生準備好，老師再繼續講）
- I will talk about picture 1. Then, you talk about pictures 2, 3, and 4.

  （老師分別指向第 2、3、4 號圖片）
- （老師指著第 1 張圖說）John and Sam went hiking in the woods to see if they could find a bear.（待考生回應，老師再繼續講）
- Now, please talk about pictures 2, 3, and 4.

  （老師指著第 2 張圖，示意考生開始）

  > hike〔haɪk〕v. 健行；徒步旅行　　woods〔wʊdz〕n. pl. 森林
  >
  > bear〔bɛr〕n. 熊

圖 2：

音軌 124 例答：All of a sudden, it started raining.

（突然間，開始下起雨了。）

想想看：關於圖 2，還有哪些可以說的呢？

The weather forecast said it would be sunny, but it turned out to be raining.（天氣預報說會是晴天，但結果卻下雨了。）

Not long after they started hiking, it started raining.

（他們開始健行後不久，就開始下雨了。）

They felt disappointed because of the weather.

（他們因為天氣而感到很失望。）

> weather〔'wɛðɚ〕n. 天氣　　forecast〔'for͵kæst〕n. 預報
>
> sunny〔'sʌnɪ〕adj. 晴朗的　　**turn out** 結果
>
> disappoited〔͵dɪsə'pɔɪntɪd〕adj. 失望的

圖 3：

音軌 125 例答：Fortunately, Sam had an umbrella.

（幸運的是，Sam 有一把傘。）

想想看：關於圖 3，還有哪些可以說的呢？

Sam's mom had asked him to bring an umbrella, so they didn't get wet.（Sam 的媽媽之前有叫他帶一把傘，所以他們沒淋濕。）

Sam always brought an umbrella in case of the unpredictable weather.（Sam 總是帶著一把傘以防不可預測的天氣。）

fortunately (ˈfɔrtʃənɪtlɪ) *adv.* 幸運地

umbrella (ʌmˈbrɛlə) *n.* 雨傘

wet (wɛt) *adj.* 濕的　　***in case of*** 假使；如果發生

unpredictable (ˌʌnprɪˈdɪktəbḷ) *adj.* 不可預期的

圖 4：

🔊 音軌 126 例答：When it stopped raining, they realized they were lost.

（當雨停了之後，他們發現他們迷路了。）

想想看：關於圖 4，還有哪些可以說的呢？

Bad luck comes in threes; they got lost and some fierce animal was looking at them after the rain stopped pouring.

（禍不單行；他們在大雨停了之後迷路了，而且有某種兇狠的動物在盯著他們。）

Though it didn't rain for long, they just couldn't recognize where they were.（雖然雨沒有下很久，但他們認不出他們在哪裡。）

realize (ˈrɪəˌlaɪz) *v.* 知道；了解　　lost (lɔst) *adj.* 迷路的

Bad luck come in three. 禍不單行。　　fierce (fɪrs) *adj.* 兇猛的

look at 看著　　pour (por) *v.* 下傾盆大雨

long (lɔŋ) *v.* 長時間　　recognize (ˈrɛkəgˌnaɪz) *v.* 認得

第四部分：回答問題

在這部分中，老師會針對生活相關主題（如 school），問考生三個問題。（如果沒有馬上聽懂問題也別緊張，老師再問一次後，再清楚回答。）

老師說：

● Now,（考生名字）, let's talk about **you**.

(1) 🔊 音軌 127 Have you ever seen a bear?

題目問：你曾經看過熊嗎？

🔊 音軌 127 例答：Yes, but I have only seen one in the zoo.

（有，但我只在動物園看過牠。）

想想看：還有哪些回答？

No, I have never seen a real bear.

（不，我從沒看過真的熊。）

No, I am afraid of bears since it may attack us.

（不，我害怕真正的熊，因為牠可能會吃人。）

zoo〔zu〕*n.* 動物園　　real〔ˈriəl〕*adj.* 真正的

since〔sɪns〕*conj.* 因為　　attack〔əˈtæk〕*v.* 攻擊

(2) 音軌 128 Do you ever go hiking?

題目問：你曾經去健行嗎？

音軌 128 例答：Yes, I am a sporty person.

（是的，我是個喜歡運動的人。）

想想看：還有哪些回答？

No, I seldom do outdoor activities.

（不，我很少從事戶外活動。）

No, I like to do exercise in a gym.

（不，我喜歡在健身房運動。）

sporty〔ˈsportɪ〕*adj.* 愛好運動的

outdoor〔ˈautˌdor〕*adj.* 戶外的

activity〔ækˈtɪvətɪ〕*n.* 活動　　gym〔dʒɪm〕*n.* 健身房

(3) 音軌 129 What is your favorite outdoor activity?

題目問：你最喜歡的戶外活動是什麼？

音軌 129 例答：My favorite outdoor activity is going fishing.

（我最喜歡的戶外活動是去釣魚。）

想想看：還有其他哪些戶外活動呢？

go camping 去露營　　　　go bird-watching 去賞鳥

go cycling 去騎單車　　　　go surfing 去衝浪

go skiing 去滑雪　　　　　 go picnicking 去野餐

favorite〔ˈfevərɪt〕*adj.* 最喜愛的

camp〔kæmp〕*v.* 露營　　cycle〔ˈsaɪkḷ〕*v.* 騎腳踏車

surf〔sɝf〕*n.* 衝浪　　ski〔ski〕*v.* 滑雪

L

TEST 4

第一部分：是非題（第 1-5 題）

 溫馨提示

- 這部分每題你將會聽到 1 個短句。
- 看到圖片時，可以想想圖片中的物品英文怎麼說，這樣能讓你更快速準確作答。
- 題目播出時，請仔細聽，再看圖片是不是和聽到的句子相同。若相同請選 Y
  （代表 Yes），若不同請選 N（代表 No）。

例題：

你會聽到：The water is boiling.

請看圖片。正確答案是 Y。你答對了嗎？

1.

 音軌 133

錄音內容： They are waiting for a bus.

答案： N

字詞解釋： **wait for** 等待　　bus〔bʌs〕n. 公車

說明： 他們正在等公車。

圖片中人們排隊等待的為 taxi〔'tæksɪ〕n. 計程車，而非公車。

2.

🔊 音軌 134

錄音內容：	Lisa is chasing after Ben.
答案：	Y
字詞解釋：	chase〔tʃes〕*v.* 追趕；追逐　　after〔'æftɚ〕*prep.* 在…之後
說明：	麗莎正在班的後面追他。
	這題要聽懂關鍵字 chase，是「追趕」的意思，以及 Lisa 是女生名字，Ben 是男生名字，圖片符合句意中的女追男。

3.

🔊 音軌 135

錄音內容：	Mom is scolding Chris for being late.
答案：	Y
字詞解釋：	**scold** *sb.* **for** *sth.* 為了某事責罵某人　　late〔let〕*adj.* 遲到的
說明：	媽媽正在責罵克里斯遲到。
	這題要聽懂關鍵字 scold〔skold〕，是「責罵」的意思，圖中的 Chris 正在被媽媽責罵，後面的時間顯示為十一點半，所以是因為太晚回家被罵，故答案為 Y。

4.

🔊 音軌 136

錄音內容：	Judy is using the stairs.
答案：	Y
字詞解釋：	use〔juz〕v. 使用；利用　　stairs〔stɛrz〕n. pl. 樓梯
說明：	茱蒂正在爬樓梯。

這題要聽懂關鍵字 stairs，是「樓梯」的意思，以及 Judy 是女生的名字。圖中的女生在爬樓梯，故答案為 Y。男生則是在等 elevator〔ˈɛləˌvetɚ〕n. 電梯；升降機，另外，相關的單字還有 escalator〔ˈɛskəˌletɚ〕n. 電扶梯。

5.

🔊 音軌 137

錄音內容：	Peter found a set of keys in the park.
答案：	N
字詞解釋：	find〔faɪnd〕v. 發現；找到【動詞三態變化：find-found-found】
	a set of 一組；一套　　key〔ki〕n. 鑰匙　　park〔pɑrk〕n. 公園
說明：	彼得在公園裡找到一套鑰匙。

這題要聽懂關鍵字 key，是「鑰匙」的意思，Peter 發現的是一張 bill〔bɪl〕n. 鈔票，而不是鑰匙，故答案為 N。

第二部分：是非題（第6-11題）

 溫馨提示

- 在這部分，你會先看到一張圖片，然後每題會聽到一個簡易的短句，包含日常生活及學校用語。
- 請判斷聽到的句子與圖片的內容是不是相同，然後選 Y（相同）或 N（不同）。
- 平常練習時，除了熟悉日常生活物品、行為的發音外，也要加強練習各種介系詞，in、on、under、next to 等字詞，說明相對的位置。

例題：

你會聽到：It is a sunny day.

圖中天空很藍，是晴天。正確答案是 Y。你答對了嗎？

6.

🔊 音軌 139

錄音內容： The boys are helping the old woman cross the street.

答案： Y

字詞解釋： help〔hɛlp〕v. 幫助　　cross〔krɔs〕v. 穿越
　　　　　street〔strit〕n. 街道

說明： 這些男孩們正在幫助老太太過馬路。
　　　　這題要聽懂關鍵字 cross the street，是「穿越馬路」的意思，男孩們正在幫助老太太過馬路，故答案為 Y。

7.

 音軌 140

錄音內容：	One boy is carrying the woman's purse.
答案：	Y
字詞解釋：	carry〔'kærɪ〕v. 攜帶；搬運；提著
	purse〔pɜs〕n. 錢包；手提包
說明：	一位男孩正提著老太太的包包。

這題要聽懂關鍵字 carry，是「攜帶；搬運；提著」的意思，purse 是「錢包；手提包」的意思。同時還要注意人數，one boy 符合圖片敘述的有一個男孩正在幫老太太提包包，故答案為 Y。

8.

 音軌 141

錄音內容：	Two boys are carrying the woman's package.
答案：	Y
字詞解釋：	package〔'pækɪdʒ〕n. 包裹；行李
說明：	兩位男孩正在幫老太太搬包裹。

承上題。package 是「包裹；行李」的意思。同時注意人數，two boys 符合圖片中敘述的，兩個男孩正在幫老太太搬包裹，故答案為 Y。

9.

音軌 142

錄音內容：	The old woman is using a cane.
答案：	Y
字詞解釋：	cane〔ken〕n. 手杖；枴杖
說明：	老太太正使用一支枴杖。

這題要聽懂關鍵字 cane，是「手杖；枴杖」（= walking stick）的意思。

10.

音軌 143

錄音內容： They are waiting for the light to turn green.

答案： N

字詞解釋： **wait for** 等待　　light〔laɪt〕n. 紅綠燈

turn〔tɜn〕v. 轉換成；轉變成

turn green 變成綠色

說明： 他們正在等紅綠燈變成綠燈。

這題考的是 turn green 的意思，這裡的變成綠色，指的是紅綠燈變成綠燈。圖片中的人已經正在過馬路，所以不是在 wait for the light to turn green，故答案為 N。「闖紅燈」可以說 run a red light。

11.

音軌 144

錄音內容： One boy is wearing a black shirt.

答案： N

字詞解釋： wear〔wɛr〕v. 穿　　black〔blæk〕adj. 黑色的

shirt〔ʃɜt〕n. 襯衫

說明： 一位男孩穿著黑色的襯衫。

這題考的是顏色，沒有任何一個男孩穿著黑色的襯衫，他們的衣服顏色分別為 blue〔blu〕adj. 藍色的，orange〔ˈɔrɪndʒ〕adj. 橘色的，和 yellow〔ˈjɛlo〕adj. 黃色的。

第三部分：配合題（第 12-18 題）

 溫 馨 提 示

- 在這部分，每題你將會聽到 1 段敘述。請仔細聽每題描述的圖片。
- 測驗重點是聽懂 7 段簡短敘述中，有關人物、動作和地點的關鍵字。
- 你可以先很快地看一遍每張圖片，預測可能會聽到的單字，包括人、事、物、動作、地點等。當聽到每題的關鍵字時，就可以快速找到正確的圖片。

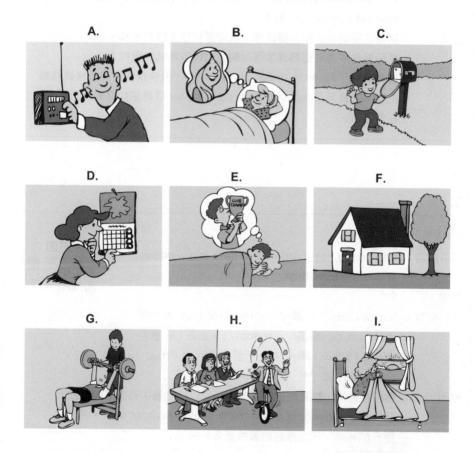

A.

B.

C.

D.

E.

F.

G.

H.

I.

例題： Mrs. Davis joined a book club. They will meet
　　　 every Saturday.

正確答案是 D。你答對了嗎？

4-7

12.

音軌 146

錄音內容： Norman is listening to music on the radio.
He is wearing a purple sweater.

答案： A

字詞解釋： Norman〔'nɔrmən〕n. 諾曼　　　***listen to music*** 聽音樂
on the radio 從收音機上　　purple〔'pɝpl〕adj. 紫色的
sweater〔'swɛtɚ〕n. 毛衣

說明： 諾曼正在從收音機上聽音樂，他穿著一件紫色的毛衣。
這段錄音中有幾個關鍵字可以幫我們找到描述的圖片：
首先聽到了 listen to music on the radio，很快找到從收音機聽音樂
的圖，又聽到了 wearing a purple sweater 可得知他穿紫色的毛衣，
故選圖 A。

13.

音軌 147

錄音內容： The house has a red roof. There is a window
above the front door.

答案： F

字詞解釋： house〔haus〕n. 房子　　　red〔rɛd〕adj. 紅色的
roof〔ruf〕n. 屋頂　　　window〔'wɪndo〕n. 窗戶
above〔ə'bʌv〕prep. 在…上面　　front〔frʌnt〕adj. 前面的
door〔dor〕n. 門

說明： 這段錄音中，聽到關鍵字 house，可以找到圖中有房子的是圖 F。
又聽到了 red roof 以及 a window above the front door，都吻合
圖 F 的敘述，因此描述的圖片是 F。

14.

音軌 148

錄音內容： Ivan and David are lifting weights. Ivan is wearing a red shirt.

答案： G

字詞解釋： lift〔lɪft〕v. 舉起　　weight〔wet〕n. 重量；重物　　***lift weights*** 舉重

說明： 這段錄音中，聽到了關鍵字 Ivan 與 David，可知是兩個人，又聽到 lift weights 得知兩人在舉重，其中一人穿 red shirt，所以答案是 G。

15.

音軌 149

錄音內容： Mary wakes up early every morning. She usually rises with the sun.

答案： I

字詞解釋： ***wake up*** 起床　　early〔'ɝlɪ〕adv. 很早地
usually〔'juʒʊəlɪ〕adv. 通常　　rise〔raɪz〕v. 升起；起床

說明： 瑪莉每天早晨都很早起，她通常都和太陽升起同時起床。
這段錄音中，聽到了關鍵字 wakes up early 早起、rises with the sun 和太陽一起升起、起床，就可以知道描述的圖片是 I。

16.

音軌 150

錄音內容： Hugo is getting the mail. There's a letter for him.

答案： C

字詞解釋： Hugo〔'hjugo〕n. 雨果　　get〔gɛt〕v. 收到；拿到
mail〔mel〕n. 信件【不可數名詞】　　letter〔'lɛtɚ〕n. 信【可數名詞】

說明： 雨果正在收信。有一封信是給他的。
聽到了關鍵字 getting the mail 就可以直接選擇有信和信箱，圖中人物正在收信的的圖 C。

Learning

17.

音軌 151

錄音內容： Mitch is sleeping. He's dreaming that he
won a contest.

答案： E

字詞解釋： Mitch〔mɪtʃ〕n. 米奇

sleep〔slip〕v. 睡覺　　　dream〔drim〕v. 作夢；夢到

win〔wɪn〕v. 贏得【動詞三態變化：win-won-won】

contest〔'kɑntɛst〕n. 比賽

說明： 米奇正在睡覺。他正夢到他贏得一個比賽。

這段錄音中，聽到了關鍵字 is sleeping，可以找到正在睡覺的圖 E，
圖 B 雖然也躺在床上，但並沒有在睡覺。接著又聽到了 dreaming that
he won a contest，可以看見圖中他正在親吻獎盃，圖 B 則是在想著
某人，因此描述的圖片是 E。

18.

音軌 152

錄音內容： Mr. Potter is performing in front of a group of people.
He is juggling and riding a unicycle.

答案： H

字詞解釋： perform〔pɚ'fɔrm〕v. 表演

in front of 在…面前

a group of 一羣…【通常指人】　　people〔'pipl̩〕n. pl. 人

juggle〔'dʒʌgl̩〕v. 變戲法；耍把戲　　ride〔raɪd〕v. 騎

unicycle〔'junɪˌsaɪkl̩〕n. 單輪車

說明： 第一句聽到了 performing in front of a group of people，在一羣人面
前表演，基本上就只有圖 H 符合，接下來又聽到 juggling and riding
a unicycle，便可確定描述的圖片是 H。

第四部分：選擇題（第 19-25 題）

 溫馨提示

- 這部分每題你將會聽到 1 段主題熟悉、簡短的日常生活會話。
- 每段對話開始前，你會先同時聽到與看到 1 個題目，仔細了解題目問的是 why、who、what、where、when、還是 how，然後從對話中聽懂關鍵字，即可找出答案。

例題：

你會先聽到及看到：

> Where are the speakers?
> A. At school.
> B. At a bus stop.
> C. At a gym.

然後你會聽到：

> Boy： How long have you been waiting for the bus?
> Girl： About 15 minutes.
> Boy： I thought the Downtown Express was supposed to run every five to seven minutes?
> Girl： Only during rush hour. Other times it runs every 20 minutes.

正確答案是 B. At a bus stop. 你答對了嗎？

19.

🔊 音軌 154	試題冊
Girl：Excuse me, officer. Could you help me, please?	Where does the girl want to go?
女：不好意思，警官。可以請你幫幫我嗎？	這位女孩想要去哪裡？
Man：Sure. What can I do for you, young lady?	A. To the library.
男：當然。請問我可以為妳做什麼呢？女士。	去圖書館。
Girl：I want to visit the museum. Can you tell me where it is?	B. To the post office.
女：我想去參觀博物館。你可以告訴我它在哪裡嗎？	去郵局。
Man：Of course. Walk two blocks south and take a right at Booker Street. You'll see the museum on the left-hand side of the street. You can't miss it.	C. To the museum. 去博物館。
男：當然。往南走兩個街區，然後在布克街右轉，你會看到博物館就在街道的左手邊。你不會錯過它的。	
Girl：Thank you!	
女：謝謝你。	

答案： C

字詞解釋： ***excuse me*** 不好意思；對不起　　officer〔'ɔfəsə〕*n.* 警官

sure〔ʃur〕*adv.* 當然；沒問題【經常做爲肯定句回答】

young〔jʌŋ〕*adj.* 年輕的　　lady〔'ledɪ〕*n.* 小姐；女士

visit〔'vɪzɪt〕*v.* 參觀；拜訪　　museum〔mju'ziəm〕*n.* 博物館

of course 當然（= sure）【經常做爲肯定句回答】

block〔blɑk〕*n.* 街區　　south〔sauθ〕*adv.* 向南方

take a right 右轉　　***left-hand side*** 左手邊

miss〔mɪs〕*v.* 錯過　　library〔'laɪˌbrɛrɪ〕*n.* 圖書館

post office〔post 'ɔfɪs〕*n.* 郵局

說明： 題目問：女孩想要去哪裡？可以從女孩提到的 I want to visit the museum. Can you tell me where it is? 這兩句話判斷出她想參觀博物館並向對方問路。因此答案是 C。

20.

🔊 音軌 155	試題冊
Boy : Hi, Martha. Are you busy this weekend? 男：嗨，瑪莎。妳這個週末很忙嗎？ Girl : Hi, Luke. I have piano lessons on Saturday and Sunday afternoon. 女：嗨，路克。我週六和週日下午有鋼琴課。 Boy : What about in the evenings? 男：那傍晚呢？ Girl : No plans. Why? 女：沒有計畫。怎麼了？ Boy : I was going to ask if you wanted to go bowling with us on Saturday night. 男：我剛剛正打算要問妳想不想要週六晚上和我們一起去打保齡球。 Girl : Sure. That would be fun. Who's going to be there? 女：當然好。那一定很好玩。有誰會去？	What did Luke invite Martha to do? 路克邀請瑪莎去做什麼？ A. Take piano lessons on Saturday afternoon. 　週六下午去上鋼琴課。 B. Go bowling on Saturday evening. 　<u>週六傍晚去打保齡球。</u> C. Play basketball on Sunday morning. 　週日早上去打籃球。

答案： B

字詞解釋： Martha〔'mɑrθə〕*n.* 瑪莎　　busy〔'bɪsɪ〕*adj.* 忙碌的

weekend〔'wik'ɛnd〕*n.* 週末　　Luke〔luk〕*n.* 路克

piano〔ˈpɪ'æno〕*n.* 鋼琴　　lesson〔ˈlɛsn̩〕*n.* 課程
Saturday〔ˈsætəɑdɪ〕*n.* 星期六　　Sunday〔ˈsʌndɪ〕*n.* 星期日
plan〔plæn〕*n.* 計畫　　ask〔æsk〕*v.* 問　　if〔ɪf〕*conj.* 是否
bowling〔ˈbolɪŋ〕*n.* 打保齡球　　invite〔ɪnˈvaɪt〕*v.* 邀請
take〔tek〕*v.* 上（課）　　basketball〔ˈbæskɪtˌbɔl〕*n.* 籃球

說明：　題目問：Luke 邀請 Martha 去做什麼？題目一開始 Luke 詢問 Martha 的
　　　　週末計畫，接著問 evenings，而答題關鍵句為 I was going to ask if you
　　　　wanted to go bowling with us on Saturday night. 句中可得知，Luke 打
　　　　算問 Martha 想不想週六傍晚一起去打保齡球，因此答案是 B。

21.

音軌 156	試題冊
Girl : Dad, did you know that our summers are getting hotter and our winters are colder than before?	What is one way Debbie could make the Earth a cleaner place?
女：爸爸，你知道比起以前，我們的夏天越來越熱，冬天越來越冷嗎？	什麼是黛比可以讓地球變成一個更乾淨的地方的方法？
Man : Why, yes, Debbie, I was aware of that. Where did you hear about it?	A. By walking to school. <u>走路去上學。</u>
男：哎呀，是的，黛比，我有察覺到這件事。妳是從哪裡聽說這件事的？	B. By studying at night. 晚上讀書。
Girl : My science teacher, Ms. Chang talked about it in class last week. She said the Earth is sick. She also told us about ways we could help make Earth a better, cleaner place.	C. By staying home in the winter. 冬天待在家裡。
女：我的自然科學老師張老師上禮拜在課堂上談到這件事。她說地球生病了。她也告訴我們一些關於如何讓地球變得更好、更乾淨的方法。	
Man : Like using less energy by walking to school?	
男：像是走路去學校以減少能源的使用嗎？	
Girl : Yes! That's one of the things she said we could do.	
女：是的！那是她說我們可以做的事情之一。	

答案： A

字詞解釋： summer〔'sʌmɚ〕n. 夏天　　get〔gɛt〕v. 變得　　hot〔hɑt〕adj. 熱的

winter〔'wɪntɚ〕n. 冬天　　cold〔kold〕adj. 冷的

get hotter/colder than before 變得比以前越來越熱（冷）

【get 加上形容詞比較級表「越來越…」】

why〔hwaɪ〕interj. 哎呀；唉　　aware〔ə'wɛr〕adj. 知道的；察覺到的

be aware of 知道；察覺到　　***hear about*** 聽說關於…的事

science〔'saɪəns〕n. 科學　　***talk about*** 談論　　earth〔ɝθ〕n. 地球

sick〔sɪk〕adj. 生病的　　make〔mek〕v. 使成為

clean〔klin〕adj. 乾淨的　　energy〔'ɛnɚdʒɪ〕n. 能源

說明： 題目問：什麼是 Debbie 可以讓地球變成一個更乾淨的地方的方法？關鍵
句從 She also told us about ways we could help make Earth a better,
cleaner place. 開始。這句提到老師教了許多可以讓我們幫助地球更好、
更乾淨的方法，卻沒有說是什麼方法，下一句中爸爸說的 Like using less
energy by walking to school? 中才提到像是走路去上學以節省能源。
Debbie 接著說 That's one of the things she said we could do. 說明了走
路上學是 one of the things 也就是 one of the ways we could try，至於
其餘的選項都沒有被提到，故答案為 A。

22.

音軌 157	試題冊
Boy : It's time for lunch, Ashley. I wonder what they are serving in the cafeteria today.	What will Ashley have for lunch?
男：到了該吃午餐的時間了，艾希莉。我想知道今天自助餐會提供什麼。	艾希莉午餐會吃什麼？
Girl : I don't know, Howard. I brought my lunch from home.	A. Whatever is being served in the cafeteria.　自助餐提供的餐點。
女：我不知道，霍華德。我從家裡帶了我的午餐。	B. Some carrot sticks.　一些紅蘿蔔棒。
Boy : Oh, you did? What do you have?	C. A ham sandwich.　一個火腿三明治。
男：噢，妳帶了？妳帶了什麼？	
Girl : A ham sandwich, some potato salad, and an orange.	
女：一個火腿三明治，一些馬鈴薯沙拉，和一顆柳橙。	
Boy : Hmm. Sounds like a healthy meal.	
男：嗯。聽起來像是很健康的一餐。	

答案： C

字詞解釋： lunch〔lʌntʃ〕n. 午餐　　Ashley〔'æʃlɪ〕n. 艾希莉

wonder〔'wʌndə〕v. 想知道　　serve〔sɝv〕v. 供應

cafeteria〔ˌkæfə'tɪrɪə〕n. 自助餐廳　　Howard〔'hauwəd〕n. 霍華德

ham〔hæm〕n. 火腿　　sandwich〔'sændwɪtʃ〕n. 三明治

potato〔pə'teto〕n. 馬鈴薯　　salad〔'sæləd〕n. 沙拉

orange〔'ɔrɪndʒ〕n. 柳橙　　sound〔saund〕v. 聽起來

healthy〔'hɛlθɪ〕adj. 健康的　　meal〔mil〕n. 一餐

說明： 題目問：Ashley 午餐會吃什麼？關鍵句在於食物的名稱。Ashley 在 I
brought my lunch from home. 提到她自己帶了午餐，Howard 接著問到
What do you have？Ashley 說 A ham sandwich（火腿三明治），some
potato salad（馬鈴薯沙拉），and an orange（柳橙），因此答案是 C。

23.

音軌 158

Girl : Dad, do you know what the weather is
supposed to be like tomorrow?

女：爸爸，你知道明天的天氣應該會如何嗎？

Man : Yes, Victoria. It's supposed to be sunny
and warm, with a chance of rain in the
afternoon. Do you have any special
plans?

男：是的，維多利亞。明天應該會是晴朗而
且溫暖的天氣，午後有可能會下雨。妳
有任何特別的計畫嗎？

Girl : I'm going on a hike tomorrow morning.

女：我明天早上要去健行。

Man : Then you probably won't need to bring
an umbrella.

男：那妳大概不需要帶雨傘。

試題冊

What will Victoria do tomorrow
morning?

薇多莉亞明天早上會做什麼？

A. Go on a hike.

去健行。

B. Study for a test.

為了考試而讀書。

C. Carry an umbrella.

帶一把雨傘。

答案： A

字詞解釋： weather〔'wɛðə〕n. 天氣　　**be supposed to** 應該（= should）

chance〔tʃæns〕n. 機率；機會　　special〔'spɛʃəl〕adj. 特別的

hike〔haɪk〕n. 健行；徒步旅行　　probably〔'prɑbəblɪ〕adv. 可能

need to 必須　　umbrella〔ʌm'brɛlə〕n. 雨傘

說明： 題目問：Victoria 明天早上會做什麼？重點在聽到確切的時間點。Victoria 說 I'm going on a hike tomorrow morning. 這一句就足以判斷出她明天早上早要去健行，所以選 A。

24.

🔊 音軌 159 Woman : Hi, Oscar. What's up? 女：嗨，奧斯卡。怎麼了？ Boy : Ms. Pan, I didn't finish my homework last night. 男：潘老師，我昨晚沒有完成我的作業。 Woman : You didn't? Why not? 女：你沒有？為什麼沒有？ Boy : My dog ran away from home, so my brother and I spent all evening looking for it. 男：我的狗昨天從家裡跑出去，所以我哥和我整個晚上都在找牠。 Woman : Oh, I'm sorry to hear that. Did you find the dog? 女：噢，聽到這件事我感到很遺憾。你找到你的狗了嗎？ Boy : No, it came home on its own. 男：沒有，牠自己回家了。 Woman : I see. Well, I'll give you until the end of the day to finish last night's homework, OK? 女：我瞭解了。嗯，我會給你到今天為止之前完成昨天晚上的作業，可以嗎？	試題冊 Who went looking for the dog with Oscar? 誰跟奧斯卡一起去找狗？ A. His teacher. 他的老師。 B. His father. 他的爸爸。 C. His brother. <u>他的哥哥。</u>

答案： C

字詞解釋： Oscar〔ˋɑskɚ〕n. 奧斯卡　　***What's up?*** 怎麼了？
finish〔ˋfɪnɪʃ〕v. 完成　　homework〔ˋhom͵wɝk〕n. 作業
Ms.〔mɪz〕n. …女士；…小姐；…老師　　***run away*** 跑走；跑掉
spend〔spɛnd〕v. 花費（時間或金錢）　　***look for*** 尋找
sorry〔ˋsɔrɪ〕adj. 遺憾的；難過的　　***on one's own*** 獨自
I see. 我知道了。（= *I know.*）　　until〔ənˋtɪl〕prep. 直到

說明： 題目問：Oscar 跟誰一起去找狗？考的就是唯一關鍵句，so my brother and I spent all evening looking for it（所以我哥和我花了整個晚上找牠），故答案選 C。

25.

 音軌 160

Man : Which tie looks better with this suit, the blue or the brown one?

男：哪一條領帶配這套西裝看起來比較好，藍色的還是棕色的？

Woman : Neither. Don't you have any light-colored ties?

女：都不好。你沒有任何亮色系的領帶嗎？

Man : I have this green and yellow-striped tie, but I don't know... (pause) I have never worn it before.

男：我有這條綠黃條紋的領帶，但我不知道耶…（停頓）我以前從沒繫過它。

Woman : Let's see... Oh, yes! That looks so much better.

女：讓我們來看看…噢，好耶！這看起來好太多了。

Man : So I should wear this one?

男：所以我該繫這一條？

Woman : For sure.

女：當然。

試題冊

Which tie will the man most likely wear?

這位男士最可能打哪一條領帶？

A. The blue tie.
藍色的領帶。

B. The brown tie.
棕色的領帶。

C. The green and yellow-striped tie.
綠黃條紋的領帶。

答案： C

字詞解釋： tie〔taɪ〕n. 領帶　　look〔luk〕v. 看起來
suit〔sut〕n. 西裝　　neither〔'niðɚ〕pron. 兩者都不
light-colored〔laɪt'kʌlɚd〕adj. 亮色的
striped〔straɪpt〕adj. 條紋的　　pause〔pɔz〕v. 停頓
for sure 當然　　likely〔'laɪklɪ〕adv. 可能地

說明： 題目問：這位男士最可能繫哪一條領帶？從對話的最後，他問 So I should wear this one?（所以我應該繫這條嗎？）以及女士的回答 For sure.（當然。）可以得出女士認為他繫綠黃條文領帶最好看，因此雖然不知道最後確切是繫哪一條，但根據題目 most likely（最有可能），並從對話推測，由於女士最推薦男士繫綠黃條紋領帶，所以最可能的答案為 C。

第一部分：是非題（第 1-20 題）

溫 馨 提 示

● 在這部分測驗，要判斷句子的描述與圖片的內容是不是一樣。
● 作答時先仔細了解圖片提供的資訊，例如物品、人物、顏色、動作、數字、時間、地點等，看是否與圖片一致，再作答。（下面的 Y 代表 Yes，N 代表 No。）

例題：

例 1：This is a pair of sneakers.
例 2：They are blue and white.
兩題的正確答案都是 Y。你答對了嗎？

第 1-2 題

1. A boy is sitting in a chair.

2. They are both standing.

答案： 1. Y 2. N
字詞解釋： 1. sit〔 sɪt 〕v. 坐 chair〔 tʃɛr 〕n. 椅子
2. stand〔 stænd 〕v. 站 both〔 boθ 〕adv. 兩者都
說明： 1. 有一位男孩坐在椅子上。
2. 他們兩個都是站著的。
由於圖中只有一人是站著的，所以答案是 N。

第 **3-4** 題

3. The woman has short hair.

4. They are all wearing pants.

答案： 3. N 4. N
字詞解釋： 3. woman〔'wʊmən〕n. 女人
4. all〔ɔl〕adj. 所有的；全部的 pants〔pænts〕n. 褲子
說明： 3. 女士留短髮。
左邊兩位則只是 girl（女孩）。而右邊的女士明顯為長髮（long hair），非 short hair，所以答案是 N。
4. 他們都穿長褲。
圖左和右的人穿 skirt〔skɝt〕n. 裙子，中間的人穿 dress〔drɛs〕n. 洋裝。

第 **5-6** 題

5. The girl is on the bus.

6. They are boarding a train.

答案： 5. N 6. N
字詞解釋： 5. bus〔bʌs〕n. 公車
6. board〔bord〕v. 上（船、車等交通工具）
說明： 5. 女孩在公車上。
公車上的是個男孩（boy），故答案為 N。
6. 他們正在搭火車。
圖中明顯不是 train（火車）而是公車（bus），所以答案為 N。

第 7-8 題

7. The man has long hair.

8. The man is wearing a hat.

答案： 7. Y 8. Y

字詞解釋： 7. long〔lɔŋ〕adj. 長的　　hair〔hɛr〕n. 頭髮

8. wear〔wɛr〕v. 穿；戴　　hat〔hæt〕n. 帽子

說明： 7. 男士留長髮。

8. 男士戴帽子。
這裡還可以說：
The man wears a tie.（男士繫著領帶。）

第 9-10 題

9. They are in a library.

10. The boy with blond hair is behind the counter.

答案： 9. N 10. Y

字詞解釋： 9. library〔'laɪˌbrɛrɪ〕n. 圖書館

10. blonde〔bland〕adj. 金色的　　behind〔bɪ'haɪnd〕adv. 在…後面
counter〔'kauntɚ〕n. 櫃台

說明： 9. 他們在圖書館。圖中的人看起來比較像在
shop〔ʃap〕n. 商店，而不是圖書館，所以答案是 N。

10. 金髮的男孩站在櫃台後方。
也可以說：The boy wears a vest.（男孩穿著一件背心。）

第 11-12 題

11. There are four boys in the picture.

12. The door is open.

答案：　　　11. N　　12.Y
字詞解釋：　11. four﹝ for ﹞ *adj.* 四個
　　　　　　12. open﹝ ˈopən ﹞ *adj.* 打開的
說明：　　　11. 圖片裡有四個男孩。
　　　　　　　圖中只有三個（three）男孩，而非四個（four），所以答案是 N。
　　　　　　12. 門是開著的。

第 13-16 題

13. There is a bucket on the floor.
14. The girl is sitting on the floor.
15. There are pictures on the wall.
16. The girl is writing a letter.

答案：　　　13. Y　 14. Y　 15. N　 16. N
字詞解釋：　13. bucket﹝ˈbʌkɪt﹞ *n.* 水桶　　　floor﹝ flor ﹞ *n.* 地板
　　　　　　14. sit﹝ sɪt ﹞ *v.* 坐
　　　　　　15. picture﹝ˈpɪktʃɚ﹞ *n.* 圖片　　　wall﹝ wɔl ﹞ *n.* 牆壁
　　　　　　16. write﹝ raɪt ﹞ *v.* 寫　　　letter﹝ˈlɛtɚ﹞ *n.* 信
說明：　　　這四題考的是圖片中的物品以及女孩的動作。
　　　　　　13. 地板上有一個水桶。
　　　　　　　地板上還有：broom﹝ brum ﹞ *n.* 掃把、dustpan﹝ˈdʌst͵pæn﹞ *n.* 畚箕。

14. 女孩坐在地板上。
15. 牆上有畫。
16. 女孩在寫信。
    圖片其他的描述：There are five boxes on the floor.（地板上有五個箱子。）

第 17-20 題

17. There is a father, a mother, and two children in the picture.
18. The father has the boy on his shoulders.
19. The mother is carrying a purse.
20. The girl is riding a bicycle.

答案：　17. Y　18. Y　19. N　20. N

字詞解釋：　17. father〔ˋfɑðɚ〕n. 父親　　mother〔ˋmʌðɚ〕n. 母親
　　　　　　　children〔ˋtʃɪldrən〕n. pl. 小孩【單數為 child〔tʃaɪld〕】

　　　　　　18. shoulders〔ˋʃoldɚz〕n. pl. 肩膀

　　　　　　19. carry〔ˋkærɪ〕v. 攜帶；拿著　　purse〔pɝs〕n. 錢包；手拿包

　　　　　　20. ride〔raɪd〕v. 騎　　bicycle〔ˋbaɪ͵sɪkḷ〕n. 腳踏車

說明：　17. 圖片裡。有爸爸、媽媽，和兩個小孩。

　　　　18. 爸爸把男孩放在肩膀上。

　　　　19. 媽媽提著手拿包。
　　　　　　媽媽手上拿的是 basket〔ˋbæskɪt〕n. 籃子，而不是錢包，所以答案是 N。

　　　　20. 女孩正在騎腳踏車。
　　　　　　圖片裡面還有：grape〔grep〕n. 葡萄
　　　　　　grapevine〔ˋgrep͵vaɪn〕n. 葡萄藤　　grass〔græs〕n. 草；草地
　　　　　　圖片其他的描述：They are having a good time.（他們玩得很愉快。）This is a family outing.（這是全家出遊。）

第二部分：短文填空（第21-25題）

 溫馨提示

- 在這部分測驗中，你可先看圖片並很快地閱讀整篇短文的內容，來了解文章大意，並從三個選項中找出最適合的字詞。
- 平時閱讀文章時，加強訓練，可以多注意字詞的搭配關係，像是「動詞＋名詞」（如 keep a diary）。

Sunny: Look at the boy over there. He's so ___（例題）___ .

　Kate: Yeah! He is Mark, a new student in my class.

Sunny: I ___(21)___ . Is he a Taiwanese?

　Kate: No, he is from Japan. He is here only ___(22)___ three weeks.

Sunny: Can he speak Chinese?

　Kate: ___(23)___ . He is good at it.

Sunny: Cool! By the way, ___(24)___ he play basketball?

　Kate: Yes, he plays basketball after school every day. Look! He ___(25)___

　　　　a basketball now.

Sunny: Maybe we can play with him. Let's go!

> 📖 by the way 順便一提

例題：A. heavy　　　　B. tall（正確答案）　　　　C. slow

短文翻譯：

桑妮：你看在那邊的那個男孩。他好高。

凱特：對！他是馬克，我們班的一個新同學。

桑妮：我瞭解了。他是臺灣人嗎？

凱特：不是，他是日本人。他在這裡只會待三個禮拜。

桑妮：他會說中文嗎？

凱特：當然。他說得很好。

桑妮：好酷！對了，他打籃球嗎？

凱特：是的，他每天放學後都打籃球。你看！他現在正拿著一顆籃球。

桑妮：也許我們可以和他一起打。我們走吧！

字詞解釋： Sunny〔'sʌnɪ〕n. 桑妮　　**look at** 看；注意　　***over there*** 在那邊
Kate〔ket〕n. 凱特　　yeah〔jɛ〕adv. 是的　　new〔nu〕adj. 新來的
Taiwanese〔ˌtaɪwɑ'niz〕n. 臺灣人　　Japan〔dʒə'pæn〕n. 日本
only〔'onlɪ〕adv. 僅僅；只有　　Chinese〔tʃaɪ'niz〕n. 中文
be good at 擅長於　　cool〔kul〕adj. 酷的；很棒的
by the way 順帶一提；對了　　play〔ple〕v. 打（球）
basketball〔'bæskɪtˌbɔl〕n. 籃球　　***after school*** 放學後
look〔luk〕v. 看　　maybe〔'mebi〕adv. 可能；說不定
Let's go. 我們走吧。

21. I ___(21)___.

　　A. watch　　　　　　　　B. see　　　　　　　　C. look

　　答案：B

　　說明：這題考的是 I see 的意思。see 的原本意思為「看見」，I see. 的字面
　　　　　意思爲「我看見了。」但在口語對話中是用來表達「我瞭解了、我知道
　　　　　了。」的意思，和 I know. 或 I got it. 意思相同。watch 和 look 則沒有
　　　　　這樣的用法，故答案選 B。

　　　　　補充：與「看」有關的動詞整理

　　　　　see 是指人在自然情況下的看，包含有意的看特定對象和不經意的看
　　　　　見，爲感官動詞，無進行式用法。例句：I saw a movie with Ben
　　　　　yesterday evening.（我昨天傍晚和 Ben 一起看電影。）或是 I saw
　　　　　a cat on my way home.（我在回家路上看到一隻貓。）

　　　　　watch 指的是集中注意力看，且持續了一段時間，可用進行式。
　　　　　例如：I watched the baseball game last night.（我昨天晚上看了那
　　　　　場棒球比賽。）或 My brother is watching TV now.（我弟弟正在看
　　　　　電視。）

look 通常搭配介系詞 at，表示將視線轉移到特定目標上，可用進行式。文章中的 look 用法，就是凱特要桑妮去看馬克。例如：Everyone is looking at the strange man.（每個人都在看那個奇怪的男人。）或是 Look! The bus is coming.（快看！公車來了。）read 專指的是閱讀（書、信、報紙、雜誌）。例如：I can't read English newspapers.（我無法閱讀英文的報紙。）

22. He is here only ___(22)___ three weeks.
  A. with   B. on   C. for
  答案：C
  說明：這題考的是介系詞，for 後面加上一段時間，表達「持續（多久）」的用法。文中提到 He is here only for three weeks. 意思是「他只會停留三星期。」故答案為 C。

23. ___(23)___ He is good at it.
  A. Sure.   B. Too bad.   C. What's up?
  答案：A
  說明：這題考的是以下這三個常見的對話答覆的意思：**Sure.**（當然。），**Too bad.**（太糟了；爛透了。），**What's up?**（怎麼了？）。根據 Sunny 問的問題，Can he speak Chinese?（他會說中文嗎？）回答 Sure.（當然會。）比較合理，所以答案為 A。

24. By the way, ___(24)___ he play basketball?
  A. can't   B. is   C. does
  答案：C
  說明：這題考的是問句的結構。從 play 是原形動詞，可知 B 一定不是答案，再來若要問他是否會打籃球，正確的問句應該是 Can he play basketball? 所以只有 Does he play basketball? 才是正確的問句，所以答案是 C。

25. He ___(25)___ a basketball now.
  A. holds   B. is holding   C. doesn't hold
  答案：B
  說明：這題考的是「現在進行式」的用法。由句子中的 Look!，以及 now，都可以得知，這是一句強調事情正在發生的時態，所以答案是 B，He is holding a basketball now.（他現在正拿著一顆籃球。）
  hold〔hold〕v. 拿著

第三部分：閱讀理解（第 26-30 題）

 溫馨提示

- 這部分考的是理解各類型的短文（例如廣告文宣、簡短訊息、看板），並從中找到所需要的資訊（例如地點、時間、價格、理由等）。
- 練習閱讀短文時，可先判斷短文的種類（例如廣告文宣、簡短訊息、看板），然後利用所附的標題或插圖快速了解短文的大意和並預測內容。
- 實際考試時，若遇到不認識或不熟悉的單字，可以先跳過，以先了解文章大意為重點，也可以利用每篇文章旁邊標有 📖 的方塊，是用來表示不在「小學英檢」出現的常考字彙，或是較難的單字，並以此了解閱讀文章細節。

第 26-27 題

Annie, Tina, Tom, and Mike are in the room. There are three cats and a tall tree in Annie's picture. In Tina's picture, there are two pigs near the bikes. How about Tom's picture? There are three tigers and three lions in it. There are some comic books in Mike's picture. They like drawing very much.

📖 room 喜歡　　like 喜歡　　drawing 畫畫

字詞解釋： Annie〔'ænɪ〕n. 安妮　　Tina〔'tɪnə〕n. 蒂娜　　Mike〔maɪk〕n. 麥可
room〔rum〕n. 房間　　cat〔kæt〕n. 貓　　tall〔tɔl〕adj. 高的
tree〔tri〕n. 樹　　picture〔'pɪktʃə〕n. 圖畫　　pig〔pɪg〕n. 豬
near〔nɪr〕prep. 在…附近　　bike〔baɪk〕n. 脚踏車
How about…? …如何？　　tiger〔'taɪgə〕n. 老虎
lion〔'laɪən〕n. 獅子　　comic books 漫畫書
draw〔drɔ〕v. 畫畫　　very much 非常

短文翻譯：

　　安妮、蒂娜、湯姆和麥可在房間裡。在安妮的圖畫中，有三隻貓和一棵高大的樹。在蒂娜的圖畫中，有兩隻豬在腳踏車附近。那麼湯姆的圖畫呢？有三隻老虎和三隻獅子在裡面。有一些漫畫書在麥可的圖畫中。他們都非常喜歡畫畫。

26. What is in Tom's picture?（在湯姆的圖畫中有什麼？）

　　A. Toys.（玩具。）

　　B. Animals.（動物。）

　　C. Birds.（鳥。）

　　答案：B

　　說明：本題問的是湯姆的圖畫中有什麼。文中提到他的圖中有 three tigers and three lions（三隻老虎和三隻獅子），都是動物，故選 B。

27. Which is Annie's picture?（安妮的圖畫是哪一幅？）

　　A.

　　B.

　　C.

　　答案：B

　　說明：本題問的是安妮的圖畫。從文中 There are three cats and a tall tree in Annie's picture. 可以得知，安妮的圖畫中有三隻貓和一棵高大的樹，所以答案為 B。

第 28-30 題

The Story of Thanksgiving

In 1620, the Pilgrims went to America from England by ship. They cut down trees to build houses and churches. The Pilgrims had a hard time during the first winter. They didn't have enough food or clothes, so many of them got sick and died. The next spring, the Indians visited them and showed them how to plant corn. They also taught the Pilgrims how to hunt for turkeys in the woods.

When fall came, the Pilgrims had enough food for the winter. They invited the Indians to enjoy a big turkey dinner with them. The Pilgrims were thankful for all the good things and food. That was the first Thanksgiving in the United States. Now, Americans celebrate Thanksgiving on the fourth Thursday of November every year.

📖 Pilgrim 清教徒　　build 建造
die 死亡　　　　　Indian 印第安人
hunt 獵捕　　　　woods 森林

字詞解釋： Thanksgiving (ˌθæŋksˈɡɪvɪŋ) *n.* 感恩節　　Pilgrim (ˈpɪlɡrɪm) *n.* 清教徒
America (əˈmɛrɪkə) *n.* 美國 (= *the United States*)
England (ˈɪŋɡlənd) *n.* 英國　　ship (ʃɪp) *n.* 船
cut down 砍下；砍倒　　build (bɪld) *v.* 建造
church (tʃɝtʃ) *n.* 教堂　　hard (hɑrd) *adj.* 辛苦的
during (ˈdʊrɪŋ) *prep.* 在…期間　　first (fɝst) *adj.* 第一個
winter (ˈwɪntɚ) *n.* 冬天　　enough (əˈnʌf) *adj.* 足夠的

sick〔sɪk〕*adj.* 生病的　　die〔daɪ〕*v.* 死亡
spring〔sprɪŋ〕*n.* 春天　　Indian〔'ɪndɪən〕*n.* 印地安人
visit〔'vɪzɪt〕*v.* 拜訪　　show〔ʃo〕*v.* 示範給…看；解釋給…聽
plant〔plænt〕*v.* 種植　　corn〔kɔrn〕*n.* 玉米
hunt〔hʌnt〕*v.* 狩獵　　turkey〔'tɜkɪ〕*n.* 火雞
woods〔wʊdz〕*n.* 森林　　fall〔fɔl〕*n.* 秋天
invite〔ɪn'vaɪt〕*v.* 邀請　　enjoy〔ɪn'dʒɔɪ〕*v.* 享用
thankful〔'θæŋkfəl〕*adj.* 感激的　　celebrate〔'sɛlə,bret〕*v.* 慶祝
Thursday〔'θɜzde〕*n.* 星期四　　November〔no'vɛmbɚ〕*n.* 十一月

短文翻譯：

感恩節的故事

在 1620 年，清教徒從英國搭船到了美國。他們砍樹蓋房子和教堂。清教徒在第一個冬天期間非常艱困。他們沒有足夠的食物或衣服，所以他們之中很多人生病並且死亡。隔年春天，印地安人拜訪他們，並告訴他們如何種植玉米。他們也教清教徒如何在森林裡獵捕火雞。

當秋天來臨，清教徒有了足夠的食物過冬。他們邀請印地安人來和他們一起享用一頓豐盛的火雞晚餐。清教徒對於所有美好的事物和食物充滿感激。這就是美國的第一個感恩節。現在，美國人在每年十一月的第四個星期四慶祝感恩節。

28. How did the Pilgrims go to the USA?（清教徒是如何去美國的？）

　　A.

B.

　　C.

答案：C

說明：本題問的是清教徒如何去美國。本文第一句就提到，In 1620, the Pilgrims went to America from England by ship.（在 1620 年，清教徒從英國搭船到了美國。）可知答案選 C。

29. According to the calendar, what date is Thanksgiving this year?
（根據月曆，這一年的感恩節是幾月幾日？）
A. On November nineteenth.（在十一月十九日。）
B. On November twentieth.（在十一月二十日。）
C. On November twenty-seventh.（在十一月二十七日。）

答案：C

說明：本題問，根據月曆，這一年的感恩節是幾月幾日？由文章最後一句可知，Now, Americans celebrate Thanksgiving on the fourth Thursday of November every year.（現在，美國人在每年十一月的第四個星期四慶祝感恩節。）再回到題目中看日曆，可知第四個星期四為十一月二十七日，所以答案是 C。

30. Which DIDN'T happen before the Indians visited the Pilgrims?
（哪一項並不是發生在印地安人拜訪清教徒之前？）
A. The Pilgrims hunted for turkeys in the woods.
（清教徒在森林裡獵捕火雞。）
B. The Pilgrims had a hard time during the first winter.（清教徒在第一個冬天過得非常艱苦。）
C. The Pilgrims cut down trees to build houses and churches.（清教徒砍樹蓋房子和教堂。）

November						
SUN	MON	TUE	WED	THU	FRI	SAT
						1
2	3	4	5	6	7	8
9	10	11	12	13	14	15
16	17	18	19	20	21	22
23	24	25	26	27	28	29
30						

答案：A

說明：本題問，哪一件事沒有發生在印地安人拜訪清教徒之前？由文章中第一段第六句 They also taught the Pilgrims how to hunt for turkeys in the woods. 可得知，A 選項中的 hunted for turkeys in the woods（在森林裡獵捕火雞）是印地安人拜訪後才教會清教徒的，所以並非拜訪前就發生。而 B 選項的 had a hard time during first winter（在第一個冬天期間非常艱苦）和 C 選項的 cut down trees to build houses and churches（砍樹蓋房子和教堂）分別在第一段的第二句和第三句，都是印地安人拜訪前發生的，所以答案為 A。

第四部分：填填看和短句問答（第 31-36 題）

溫 馨 提 示

- 在這部分的測驗中，你要看懂短文後，依照提示，填入符合上下文意的字，並依據短文內容以短句回答問題。
- 測驗時要先詳細閱讀題目的中文說明，了解短文的背景之後，並配合圖片細讀內容。
- 填空時要填入完整的單字，注意拼字是否正確；回答問題時要寫完整的短句，寫完後記得檢查大小寫和標點符號。

作答說明：

這是出現在兒童健康雜誌上的兩封信。Ya-Lin 寫信給專欄主編 Miss White，得到了她的回信和建議。請依照圖和文章的內容完成這兩封信。注意：第 31-33 題每個空格只需要填一個完整單字。

Question

Dear Mom,

I'm in（例題）**pain** right now.
I have a (31) **t____e**. It really
hurts. I think I need to see a
dentist.

Love,
Niles

Answer

Dear Niles,

Go see the dentist right away.
She will (32) **c____k** your tooth.
But in the future, there are a few
things you can do to avoid
problems with your (33) **t____h**:
1. Brush after every meal.
2. Floss regularly.
3. Avoid candy and sweets.

Love,
Mom

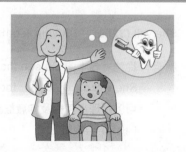

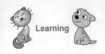

Question

親愛的媽媽，

我現在很痛苦。我牙齒痛。這真的是很痛。

我想我需要去看牙醫。

愛你的，
奈爾斯

Answer

親愛的奈爾斯，

立刻去看牙醫。她會檢查你的牙齒。但在這段期間，有一些事是你可以做就能避免牙齒有問題：

1. 每餐後刷牙。
2. 定期使用牙線剔牙。
3. 要避免糖果和甜食。

愛你的，
媽媽

字詞解釋： pain〔pen〕n. 痛苦；疼痛　　**in pain** 感到痛

　　　　　right now 現在；立刻（= right away）　　hurt〔hɝt〕v. 痛

　　　　　need to V. 必須…　　dentist〔'dɛntɪst〕n. 牙醫

　　　　　future〔'fjutʃɚ〕n. 未來　　**in the future** 以後；未來

　　　　　a few 一些　　avoid〔ə'vɔɪd〕v. 避免

　　　　　problem〔'prɑbləm〕n. 問題　　brush〔brʌʃ〕v. 刷（牙）

　　　　　floss〔flɔs〕v. 用牙線清潔　　regularly〔'rɛgjələˌlɪ〕adv. 規律地；定期地

　　　　　candy〔'kændɪ〕n. 糖果　　sweets〔swits〕n. pl. 甜食

31. I am in pain right now, I have a **(31)** t____e.

　　說明： 這題前半句 I am in pain right now. 表達了男孩現在很痛，圖片裡
　　　　　他明顯是牙齒在痛，加上最後一句說到 I think I need to see a dentist.
　　　　　（我想我必須去看牙醫。）所以空格就是 **toothache**〔'tuθˌek〕n. 牙痛。

32. She will **(32)** c____k your tooth.

　　說明： 從第一句中的 Go see the doctor right away.（立刻去看醫生。），
　　　　　She will c____k your tooth.（她會 ____ 你的牙齒。）由於牙痛，
　　　　　可以合理從字母及句意推斷，醫生會檢查你的牙齒，故空格為 **check**
　　　　　〔tʃɛk〕v. 檢查。

33. But in the future, there are a few things you can do to avoid problems with your **(33) t____h.**

說明： 從空格前面的 There are a few things you can do to avoid problems with your t____h. 得知可以做一些事來避免空格內的問題，又可從下面列出的方法推論出是跟牙齒有關的問題，且不是單顆牙齒，而是所有的牙齒，故空格填 **teeth**〔 tiθ 〕*n. pl.* 牙齒。

接下來，請根據上面兩封信的內容回答下面的問題。第 34-36 題請用句子回答。
例題：What is bothering Niles? <u>His tooth is bothering him.</u>

34. What is Niles' problem?（Niles 的問題是什麼？）

說明： 從他寫的信裡第二句得知：<u>He has a toothache.</u>（他牙齒痛。）

35. What will Niles do right away?（Niles 會立刻做什麼？）

說明： 看到了關鍵字 right away，由媽媽回給 Niles 的第一句話：Go see the doctor right away.（立刻去看醫生。）可以得知：<u>Niles will see a dentist right away.</u>（他會立刻去看牙醫。）

36. What can Niles do to avoid this problem in the future?
（Niles 將來可以做什麼來避免這個問題？）

說明： 看到了關鍵字 avoid this problem，可以得知是為了避免牙齒的問題。從媽媽給的信列出的建議中可以得知：<u>Niles can brush his teeth after every meal, floss regularly, and avoid candy and sweets to avoid this problem.</u>（他可以每餐飯後刷牙、規律地使用牙線，以及避免糖果和甜食來避免這個問題。）

第五部分：重組句子（第 37-40 題）

- 這部分要測驗的是你是否能寫出書寫格式與字詞順序正確的句子。
- 測驗時要仔細看題目，題目裡的每一個字詞都要用到，但不可以增加題目裡沒有的字，只需要把題目裡字詞的順序排列成合乎句意和文法的句子。
- 寫完要記得檢查，看看大小寫和標點符號是否正確。

例題：There / beautiful / some / flowers. / are
正確答案是 <u>There are some beautiful flowers.</u>

37. shopping / Many people / department store. / are / the / in

    答案：<u>Many people are shopping in the department store.</u>
    句型：主詞＋動詞＋地方副詞。
    說明：Many people 是主詞，are shopping 爲現在進行式動詞，in the department store 爲地點。

38. today? / feeling / How / are you

    答案：<u>How are you feeling today?</u>
    句型：How 開頭疑問句＋be 動詞＋主詞＋動詞（現在進行式）＋時間？
    說明：以疑問詞 How 開頭，問句中主詞和 be 動詞順序顚倒，所以先接 are you 再接現在進行式 feeling，最後加上時間副詞 today。

39. week. / Sandy takes / three times / lessons/ a / piano

    答案：<u>Sandy takes piano lessons three times a week.</u>
    句型：主詞＋動詞＋受詞＋時間（頻率）。
    說明：以主詞 Sandy takes 開頭，再接受詞 piano lessons，最後加時間頻率 three times a week。

40. to you. / talking. / when / Listen / to your father / he's

    答案：<u>Listen to your father when he's talking to you.</u>
    句型：祈使句 → 動詞原形＋受詞＋表時間的副詞子句。
    說明：此句是祈使句句型，以原形動詞 Listen 開頭，後接 to your father，最後接表時間的副詞子句加主詞 when he's talking to you。

 各部分的準備

以下介紹「小學英檢」口說測驗各部分的進行方式，並提供例答及學習小提示。

第一部分：暖身、問候

老師：Good morning/afternoon. How are you today?（待考生回應，老師繼續說話）
老師：May I have your score sheet?（考生將評分單交給老師）

老師：Your number is _____.（老師唸出考生的號碼）
老師：My name is _____. What's your name?
考生：My name is _____.
老師：How old are you?
考生：I'm _____ years old./ _____ years old.

第二部分：朗讀句子、描述圖片

一、朗讀句子

在這部分測驗中，老師會先請考生看下面的圖片及描述圖片的三個句子：

老師說：

- Now,（考生名字）, please look at these sentences and this picture.（老師指向句子和圖片）These sentences describe the picture above. They are about a boy's room. Do you understand?
- First, just look at the sentences.（老師暫停 10-15 秒，讓考生看句子）
- Now, read the sentences aloud.（老師請考生唸出下列三個句子）

🔊 音軌 161　(1) The boy is seated at the desk.
　　　　　　男孩坐在書桌前。

🔊 音軌 162　(2) It is noon.
　　　　　　現在是中午。

🔊 音軌 163　(3) There are several items on
　　　　　　the floor.
　　　　　　地板上有好幾個物品。

字詞解釋：　***be seated*** 坐（= *sit*）　　***at the desk*** 在書桌前
　　　　　　noon〔nun〕*n.* 中午　　several〔'sɛvərəl〕*adj.* 好幾個的
　　　　　　item〔'aɪtəm〕*n.* 物品　　floor〔flor〕*n.* 地板

二、描述圖片

老師說：

- Now,（考生名字）, look at the picture again, and answer my questions.
　（老師指向圖片）

(1) 🔊 音軌 164　What is the girl pointing at?（老師指向圖片中的女孩）
　　　　　題目問：這位女孩在指著什麼？
　　🔊 音軌 164 例答：A book on the floor.（一本在地上的書。）
　　　　　問的是女孩指著的東西，因此回答確切的物品和位置。

　　　　　point at 指著

(2) 音軌 165　What color is the girl's dress?

　　　　（老師指向圖中女孩的洋裝。）

　　　　題目問：這位女孩的洋裝是什麼顏色？

 音軌 165 例答：Orange.（橘色。）

　　　　dress〔drɛs〕*n.* 洋裝

(3) 音軌 166　Where is the clock?（老師指向圖中的時鐘。）

　　　　題目問：時鐘在哪裡？

　音軌 166 例答：On the shelf next to the tea pot.

　　　　　　（在架子上茶壺的旁邊。）

　　　　shelf〔ʃɛlf〕*n.* 架子　　***tea pot*** 茶壺

第三部分：看圖說話

老師說：

- In this part, you are going to tell a story based on these pictures.（老師給考生看以上的圖片）
- These pictures show what happened to Simon and his mother when they were taking a walk at a park last weekend.（這幾張圖片敘述了 Simon 和他媽媽上個週末去公園散步時發生的事情。）First, look at the four pictures.（老師暫停 10 秒，讓考生看圖）
- Are you ready?（待考生準備好，老師再繼續講）
- I will talk about picture 1. Then, you talk about pictures 2, 3, and 4.（老師分別指向第 2、3、4 號圖片）
- （老師指著第 1 張圖說）Simon and his mother were out looking at butterflies and flowers.（Simon 和他媽媽正在外面看蝴蝶和花。）
  Do you understand?（待考生回應，老師再繼續講）
- Now, please talk about pictures 2, 3, and 4.
  （老師指著第 2、3、4 張圖，示意考生開始）

圖 2：

音軌 167 例答：Simon saw a woman picking a flower and scolded her for doing that.
（Simon 看見一個女士摘花並且責罵她的行為。）

想想看：關於圖 2，還有哪些可以說的呢？
Simon was angry about what the woman did.
（Simon 對於女士的行為很生氣。）
Simon thought it was wrong, so he decided to tell her.
（Simon 認為這是錯的，所以決定要告訴她。）
Simon remembered that his teacher once said that picking flowers at a park is not allowed.
（Simon 想起他的老師曾經說過在公園採花是不被允許的。）

pick〔pɪk〕v. 摘（花）　　scold〔skold〕v. 責罵
angry〔'æŋgrɪ〕adj. 生氣的　　decide〔dɪ'saɪd〕v. 決定
once〔wʌns〕adv. 曾經　　allow〔ə'laʊ〕v. 允許

圖 3：

音軌 168 例答：When the woman realized what she had done, she felt sad.
（當那位女士意識到自己做的事，她感到難過。）

想想看：關於圖 3，還有哪些可以說的呢？

The woman felt ashamed.（那位女士感到羞愧。）

The woman sighed at the dead flower she had picked.

（那位女士對著她先前摘下來的死掉的花嘆氣。）

The woman regretted picking the flower.（那位女士後悔摘了花。）

realize〔ˋriəˏlaɪz〕v. 知道；了解　　sad〔sæd〕adj. 傷心的；難過的

ashamed〔əˋʃemd〕adj. 羞愧的　　sigh〔saɪ〕v. 嘆息

regret〔rɪˋgrɛt〕v. 後悔

圖 4：

🔊 音軌 169 例答： She put up a sign telling people not to
pick the flowers.

（她設立一個標示牌告訴人們不要摘花。）

想想看：關於圖 4，還有哪些可以說的呢？

She wanted to prevent other people from picking the flowers.

（她想要防止其他人摘花。）

She hoped to protect the flowers from being picked again.

（她希望保護這些花不要再被採摘。）

put up 設立　　sign〔saɪn〕n. 告示牌

prevent〔prɪˋvɛnt〕v. 防止 < *from* >

protect〔prəˋtɛkt〕v. 保護 < *from* >

第四部分：回答問題

在這部分中，老師會針對生活相關主題（如 school），問考生三個問題。（如果沒有馬上聽懂問題也別緊張，老師再問一次後，再清楚回答。）

老師說：

- Now,（考生名字），let's talk about **you**.

(1) 🔊 音軌 170 How much time do you spend outdoors?

題目問： 你花多少時間在戶外？

🔊 音軌 170 例答：I seldom spend time outdoors./ I am a couch potato.

（我很少花時間在戶外。/ 我是一個成天躺在沙發上看電視的人。）

想想看： 這一題還能怎麼回答呢？
I spend a lot of time outdoors. I like to go hiking on weekends.
（我花很多時間在戶外。我週末喜歡去健行。）
I usually spend time outdoors playing basketball with friends
several times a week.
（我通常每週好幾次會花時間在戶外和朋友打籃球。）
outdoors〔'aut'dorz〕adv. 在戶外   couch〔kautʃ〕n. 長沙發
potato〔pə'teto〕n. 馬鈴薯
couch potato 成天躺在沙發上看電視的人

(2) 🔊 音軌 171 What's your favorite color of flower?
題目問： 你最喜歡什麼顏色的花？
🔊 音軌 171 例答： Red. Because I like red roses.
（紅色。因為我喜歡紅色的玫瑰。）

想想看： 花還有哪些其他顏色？
yellow　（黃色）　　　purple（紫色）
blue　　（藍色）　　　white（白色）
pink　　（粉紅色）　　green（綠色）
favorite〔'fevərɪt〕adj. 最喜愛的　　rose〔roz〕n. 玫瑰

(3) 🔊 音軌 172 Have you ever caught a butterfly?
題目問： 你曾經抓過蝴蝶嗎？
🔊 音軌 172 例答： Yes, I caught one when I was a child.
（是的，我小時候抓過一隻。）

想想看： 這一題還能怎麼回答呢？
No, I have never done that. I am afraid of insects.
（不，我從沒做過。我害怕昆蟲。）
No, I think butterflies should live in nature.
（不，我認為蝴蝶應該生活在大自然。）
Yes, I think it was a lot of fun.（是，我覺得這很好玩。）
ever〔'ɛvɚ〕adv. 曾經　　butterfly〔'bʌtɚˌflaɪ〕n. 蝴蝶
be afraid of 害怕　　insect〔'ɪnˌsɛkt〕n. 昆蟲
nature〔'netʃɚ〕n. 大自然　　*be a lot of fun* 很好玩